LE PROGRÈS

PAR LE CHRISTIANISME

Paris. — Imprimerie ADRIEN LE CLERE, rue Cassette, 29.

LE PROGRÈS

PAR LE CHRISTIANISME

CONFÉRENCES DE NOTRE-DAME DE PARIS

PAR

LE R. P. FÉLIX

de la Compagnie de Jésus.

Crescamus in illo per omnia qui est caput Christus.

Croissons de toute manière dans le Christ notre chef.

(EPH. IV, 15.)

ANNÉE 1861.

PARIS

LIBRAIRIE D'ADRIEN LE CLERE ET Cie

IMPRIMEURS DE N. S. P. LE PAPE ET DE L'ARCHEVÊCHÉ DE PARIS

Rue Cassette, 29, près Saint-Sulpice.

C. DILLET, LIBRAIRE, RUE DE SEVRES, 15.

1861

PREMIÈRE CONFÉRENCE

PREMIÈRE CONFÉRENCE

LE PROGRÈS PAR L'ÉDUCATION CHRÉTIENNE

Messieurs,

La blessure la plus large et la plus profonde faite par nos erreurs et nos vices à la société vivante, c'est sans contredit la dissolution qui menace la famille au milieu de nous. Le siècle par ses doctrines, par ses mœurs, par tous les courants qui l'entraînent, ébranle de toutes parts ce nécessaire fondement de la société ; et la famille, avec ses divisions, son anarchie, ses dépravations morales, sa stérilité honteuse, est, pour tout observateur attentif aux malheurs qui nous menacent, un des symptômes les plus alarmants des temps modernes. Certes, je ne suis pas pessimiste ; mais je ne puis me défendre de voir clairement et de vous dire hardiment, que si la civilisation devait disparaître du milieu de nous, elle s'en irait surtout par les brèches effrayantes faites par nos mœurs à ce rempart sacré des sociétés humaines.

Voilà pourquoi, après avoir montré Jésus-Christ restaurateur de l'ordre moral et de l'ordre social, je vous ai montré Jésus-Christ restaurateur de la famille, point d'appui naturel de l'un et de l'autre. Comme la famille est le principe, le modèle et la force de la société humaine, Jésus-Christ s'est constitué lui-même le principe, le modèle et la force de la famille chrétienne ; il la pénètre de sa vie, il la façonne à son image, et la couvre contre toute cause de dissolution du bouclier de son amour. Il fonde l'unité et la perpétuité de la famille sur le dogme austère de l'indissolubilité du lien conjugal ; et en même temps qu'il constitue par l'union indissoluble de l'homme et de la femme le centre vivant de la famille, il fait aux deux êtres unis dans son propre cœur une fonction spéciale, qui y maintient à la fois l'harmonie et la fécondité : à l'un, la fonction de la puissance et de l'autorité ; à l'autre, la fonction de l'amour et du dévouement.

Après avoir montré séparément ces deux ministères de la paternité et de la maternité, il restait à vous montrer le ministère simultané de l'un et de l'autre. Si le père et la mère ont dans la famille une fonction propre, la Providence fait à tous deux une fonction commune, où l'autorité qui caractérise l'un et le dévouement qui caractérise l'autre, se rencontrent et s'unissent pour faire le grand œuvre de la famille, *élever l'enfant;* l'enfant, troisième personne de cette trinité humaine, procédant du père et de la mère, pour compléter la société domestique et atteindre sa destinée.

C'est de ce ministère d'*élever*, tout à la fois commun et propre à la paternité et à la maternité, que j'entreprends de vous parler. Ce sujet est le complément si naturel de ce qui fut dit sur la famille, il touche à des fibres si délicates et à des intérêts si chers, et, malgré sa vulgarité apparente, il garde dans l'humanité une si persévérante popularité, que ce ne sera pas trop de lui consacrer toutes les conférences de cette année.

La nature de cet enseignement, et, si je puis le dire, la hauteur de cette chaire, nous commandent d'écarter les questions d'un ordre inférieur où l'opinion partage les intelligences, et où tout homme et tout chrétien peut garder ses préférences. Il ne peut être question de se faire ici le défenseur exclusif de telle méthode pédagogique ou de telle classe d'instituteurs. En toute méthode et pour tout instituteur, au-dessus des questions secondaires, il y a des principes généraux d'éducation dont personne ne peut s'écarter sans blesser la vie de l'enfant et sans fausser la formation de l'homme. C'est dans ces grandes lignes que je veux me renfermer ; c'est à mettre en relief ces données essentielles, souvent trop oubliées, que je bornerai cet apostolat. Dans cette calme région, tous les bons esprits et tous les nobles cœurs peuvent se reconnaître, s'aimer et s'unir pour cette généreuse mission : agrandir l'humanité par l'éducation de l'enfance, et glorifier Dieu par le progrès de l'humanité. Je veux m'élever à ces hauteurs sereines et m'étendre à ces largeurs impartiales, où l'intelligence libre de toute passion rencontre, pour le communiquer avec amour, le bénéfice d'une lumière désintéressée.

Vous me demandez peut-être, Messieurs, pourquoi, à propos de la question du progrès, j'arrive à traiter de l'éducation, et vous êtes curieux de savoir quel est le rapport intime qui rattache ce sujet particulier à mon sujet général, *le Progrès par le Christianisme*. Je commence par répondre tout d'abord à cette question, en vous montrant comment le progrès tient à l'éducation, et comment l'éducation tient au christianisme.

I

La relation intime qui existe entre ces deux choses, le progrès et l'éducation, se révèle tout entière dans ce mot, *élever*. Élever une vie humaine, c'est faire le progrès d'un homme ;

élever le genre humain, c'est faire le progrès de l'humanité. Le progrès est l'éducation de l'humanité ; et l'éducation est le progrès de l'homme. Mais pour mieux apercevoir le lien profond qui enchaîne l'une à l'autre deux choses en apparence si séparées, il faut se faire d'abord une idée exacte de l'éducation, et montrer où se cache le ressort général qui élève toute vie et la pousse à sa perfection.

Des hommes qui s'intitulent *penseurs*, et qu'on nommerait peut-être mieux *rêveurs*, ont imaginé pour expliquer le progrès et l'éducation de l'humanité, un secret fort curieux et surtout fort commode. L'humanité s'élève, parce qu'elle porte dans son sein ce qu'ils nomment ingénieusement *la force progressive*. C'est aussi simple que cela. En quoi consiste cette force ? Quelle est cette mystérieuse puissance ? Il ne faut pas trop presser sur ce point le génie des novateurs. C'est un mystère comme il y en a tant dans la nature. La force d'attraction n'est-elle pas un mystère ? L'électricité, le magnétisme, la végétation, la génération, ne sont-ce pas aussi des mystères ? Quoi qu'il en soit, en vertu de cette force supposée, non démontrée, l'humanité, poussée de bas en haut et du dedans au dehors, monte vers sa destinée et s'étend à sa mesure, comme la vie dans une plante monte vers le soleil et envahit toute sa sphère. Cette hypothèse, que l'on n'explique pas parce qu'elle-même est faite pour tout expliquer, est le dernier mot de la science de la nature et de la science de l'homme : c'est le secret légèrement cabalistique du progrès en général et de l'éducation en particulier.

D'après cette idée plus naïve encore qu'elle n'est ingénieuse, l'homme n'est que le dernier terme d'une série hiérarchique où tous les êtres, sous l'impulsion de cette force progressive, montent, montent toujours, depuis le dernier degré jusqu'au sommet le plus haut de toute la création. Dans cette universelle ascension, qui est le nécessaire mouvement des êtres, le minéral s'élève au végétal ; le végétal monte à l'animal ; l'animal lui-même se transforme et se perfectionne jusqu'à devenir l'humanité ; et cette humanité, qui termine la série des êtres inférieurs sur cette échelle bien autrement mystérieuse que l'échelle de Jacob ; cette humanité, qui concentre et résume en elle-même toute cette force progressive, s'élève elle-même d'une inévitable ascension vers l'idéal de sa destinée indéfinie. Cette puissance de transformation nécessaire et d'ascension fatale, quelques-uns n'ont pas hésité à la mettre dans toutes les sphères du monde sidéral lui-même ; ils nous ont prophétisé les perfectionnements du soleil et les progrès de la lune ; et je ne sais pas bien si l'on ne nous a pas annoncé, pour un avenir plus ou moins lointain, l'éducation des étoiles. Laissons ces réformateurs des mondes se promener avec leurs utopies dans la région des soleils. Demeurons sur notre humble planète : car pour le présent il s'agit de l'homme et de la formation de sa vie.

Ce roman philosophique et astronomique expliquât-il le progrès des mondes et la formation de tous les êtres, ne servirait nullement à expliquer le progrès de l'homme et la formation de sa vie. La loi suprême de toute éducation, c'est qu'elle doit s'accomplir dans les conditions de la nature des êtres et dans l'harmonie de leurs facultés. Or, une ligne profonde sépare ici l'homme du reste de la création, et une loi qui lui est propre préside au développement de sa vie. L'homme est intelligent et libre, et comme tel sa nature le condamne à ne se développer que par l'intelligence et par la liberté. Soumettre ses développements aux impulsions d'une force aveugle et fatale, c'est commencer par contredire sa nature pour lui demander le perfectionnement de sa vie. L'homme n'est pas seulement intelligent et libre, il est sociable aussi ; il naît pour la société parce qu'il est intelligence et liberté. Naturellement sociable et communicatif, il faut qu'il se développe par l'action combinée de sa liberté et de la société. Et déjà par cette simple observation, vous pouvez entendre ce qu'il faut penser d'une hypothèse, qui soumettrait le développement de l'homme à la même force, qu'on suppose présider seule aux développements de tous les êtres qui lui sont inférieurs.

Les autres êtres, en effet, placés dans les conditions normales de leur vie, arrivent d'eux-mêmes à leur développement par une évolution que l'on peut appeler fatale. Le minéral suit son attraction, le végétal sa séve, l'animal son instinct ; et ils trouvent leur équilibre, leur croissance, leur beauté. Le cristal, sous l'action combinée des éléments qui le composent et des forces qui le gouvernent, arrive à la perfection de sa forme. Le palmier sorti du désert par une naturelle venue, trouve dans un air libre une facile croissance et déploie au soleil l'exubérance de sa vie. Laissez le jeune coursier bondir dans la prairie sans qu'aucune main le touche ; ses forces se développent dans toute leur harmonie, sa beauté se produit dans tout son naturel éclat. S'il faut le former, et comme on dit improprement l'élever, ce n'est pas pour lui donner le perfectionnement de son être, c'est pour le mieux soumettre à l'empire de l'homme. Ainsi, sans le secours d'aucune éducation, sous la seule impulsion de la loi qui les gouverne, le minéral est un minéral, le végétal un végétal, l'animal un animal, achevé dans son espèce et parfait dans son genre.

L'homme, au contraire, pour arriver à son complet développement, c'est-à-dire pour être un homme parfait, a besoin d'être élevé : il lui faut une action qui l'achève, une action du dedans et une action du dehors. Librement exercée et librement acceptée, cette action est la condition nécessaire du développement régulier de sa vie. Né intelligent et libre, intelligent pour découvrir l'idéal de sa perfection, libre pour le conquérir, mais en même temps communicatif et social, il doit recevoir son développement de la société et de lui-même ; il faut qu'un être intelligent et libre conspire avec son intelligence et sa liberté pour lui faire poursuivre son idéal et atteindre sa perfection. Le père et la mère, ou à leur place l'instituteur, développeront dans l'enfant le libre jeu de ses puissances, et concourront avec lui pour leur imprimer un mouvement qui plus tard doit en faire un homme ; non un homme isolé, mais social ; non un homme immobile, captif entre les limites fatales de sa vie, mais un homme libre, ambitieux d'une grandeur qui ne connaît pas de limites ; un homme parfait, un homme complet.

Est-ce tout, Messieurs? avons-nous dit le dernier mot de l'éducation de l'homme et du progrès de toute sa vie? Non. L'homme non-seulement naît pour la liberté et pour la la société, et comme tel soumis à la loi d'un développement libre et social : l'homme naît dépravé, et comme tel soumis à la loi d'un développement douloureux et d'une éducation militante. Un homme célèbre, dans un livre spécialement consacré à révéler le secret de l'éducation de l'homme, a écrit ces paroles : *Tout est bien sortant des mains du Créateur ; tout dégénère entre les mains de l'homme.* Cette formule, en tant qu'elle consacre notre rectitude native et nie la chute originelle, renferme la perversion de l'éducation humaine, elle porte en germe la barbarie. En effet, Messieurs, si l'homme naît bon dans toute l'étendue de ce mot ; si tout son être est une harmonie qui n'a besoin que de se développer pour mieux retentir, l'éducation de l'homme est bien simple ; elle n'a qu'une chose à faire : laisser aller sa vie au souffle de ses instincts et livrer tout son développement à la spontanéité de sa nature. A quoi bon une répression ? un châtiment ? une correction ? une discipline ? L'homme est bon, laissez faire la nature. Or, faire l'éducation de l'homme d'après cette donnée fondamentale, savez-vous ce que cela veut dire? Cela veut dire ne pas l'élever. C'est la négation même de l'éducation humaine. Et si la nature en vous plus forte que l'erreur ne vous pousse à l'inconséquence, la vérité vous défie de faire de l'enfant formé dans de telles conditions autre chose qu'un barbare.

Je n'établis pas le dogme du péché originel, dogme illuminateur qui seul éclaire ici tout le mystère de la vie; mais je dis que, quelle qu'en soit la raison dernière, c'est un fait absolument irrécusable : l'homme apporte en naissant des instincts antipathiques à la perfection de son propre développement. Quiconque ayant touché à l'enfance et suivi la marche de l'homme grandissant nie ce fait décisif, a perdu le sens de la vie humaine. Niez un million de fois le péché originel; effacez de tous les livres et de tous les symboles ce mot par lequel l'Église catholique explique ou plutôt dogmatise la cause première de toute perversion humaine : il y a une chose que vous n'effacerez pas, c'est cette perversion elle-même; il y a un fait que vous nierez en vain, c'est la blessure dont l'humanité montre partout dans son cœur, dans son âme, et jusque dans sa chair les ineffaçables cicatrices. Aussi, parmi ceux-là même qui ont rejeté cette cause primitive de notre perversion affirmée par le dogme chrétien, la plupart n'ont osé nier ce phénomène de la vie qui brille dans le monde moral comme le soleil dans la nature. Un homme de ce temps, personnification la plus hardie de la négation contemporaine de la chute originelle, a tracé de notre perversion native un tableau dont je ne saurais rendre ni la couleur ni l'énergie. Il raille d'une âpre ironie ces flatteurs attitrés de notre humaine nature, qui ne la supposent si bonne que pour s'épargner la peine de la corriger dans les autres et de la dompter en eux-mêmes ; adulateurs malavisés qui à force de proclamer dans l'homme le bien, rien que le bien, arrivent exactement à y développer le mal, rien que le mal ; et font de l'éducation sous leurs formules humanitaires un apprentissage de barbarie.

Loin de vous, Messieurs, ces folles théories de l'homme et de l'éducation imaginées, il y a un siècle, par l'auteur de l'*Émile*, et perpétuées au milieu de nous par la postérité malsaine fille de ce génie maladif. Non, l'homme ne naît pas bon, dans le sens où le dit cette science menteuse. Non, l'homme, à l'heure de sa croissance, ne peut être abandonné au développement spontané de tous les instincts qu'il apporte en naissant. Pour élever l'homme il faut le châtier, ou plutôt il faut qu'il se châtie lui-même d'un volontaire et libre châtiment : il faut qu'il réagisse, et l'instituteur avec lui, contre ces instincts hostiles à son développement et rebelles à la loi de son éducation. Oui, combattre en soi et contre soi cette force rétrograde que nous avons nommée avec l'Église, la *concupiscence*, obstacle universel au progrès de l'humanité et obstacle individuel au progrès de l'homme : voilà la loi souveraine de l'éducation. A cette condition seulement l'enfant peut s'élever et devenir un homme. Dans cette réaction intelligente et libre, généreuse et virile, il puise sa force, sa grandeur et sa dignité ; il devient homme dans le meilleur sens de ce mot, l'homme du progrès et de la civilisation, parce qu'il trouve sa valeur humaine.

Ainsi se découvre à la racine des choses le

lien intime qui unit l'éducation de l'homme au progrès de l'humanité, et rattache au sujet général que j'ai entrepris de développer, le sujet spécial que nous traitons cette année.

Il vous en souvient peut-être, Messieurs, j'ai établi comme point de départ nécessaire au début de cette prédication du *Progrès par le Christianisme*, que, même dans un ordre purement naturel, le véritable progrès de l'humanité doit toujours se résoudre dans la valeur réelle de l'homme lui-même. Le progrès c'est l'homme qui se perfectionne ; c'est l'homme qui s'agrandit, non-seulement de ce qu'il s'ajoute au dehors par tous les perfectionnements de la matière, mais surtout de ce qu'il s'ajoute au dedans par tous les perfectionnements de son être. Le progrès humain, en un mot, est un accroissement de la valeur humaine. Et si le christianisme est le progrès de l'humanité, c'est que par une action intime, dont je vous découvre lentement le mystère, la religion de Jésus-Christ élève la valeur de l'homme. Cette idée est bien simple et bien élémentaire. Lorsque je la posai hardiment devant vous trop fiers encore de vos progrès matériels, elle parut un moment vous étonner; mais aujourd'hui, il me semble que dans cette immense forêt de têtes que je vois d'ici se dresser devant mes regards, il n'y en a pas une qui ne consente à s'incliner sous l'empire de cette parole et à dire avec moi : Oui, le vrai progrès, c'est l'agrandissement de l'homme; c'est l'accroissement de la valeur humaine.

Eh bien! Messieurs, ce qui fait par-dessus tout la valeur de l'homme, c'est l'éducation de l'enfant. L'homme ne vaut pas, comme homme, par le seul fait de ses facultés et de ses puissances natives; il vaut par le degré et par l'harmonie de leur développement; et sauf de rares exceptions, c'est l'éducation qui donne la mesure de la grandeur humaine. Buffon a dit : *Le style, c'est l'homme.* Le style pourtant ne constitue pas l'homme, il ne fait que le révéler; il est une expression, une manifestation de l'homme. L'éducation est plus qu'une expression de l'homme, elle est l'homme même; l'homme avec sa valeur; l'homme avec sa physionomie, expression de sa valeur; l'homme avec son signe, rayonnement de sa physionomie. Quoi qu'il fasse, il porte la marque authentique de l'éducation qu'il a reçue; elle se trahit dans la physionomie qu'elle-même lui a faite; on dit en le voyant : Voilà un homme bien élevé; voilà un homme mal élevé; et il n'est personne qui ne sente l'honneur ou l'opprobre de ce mot. Et si l'éducation laisse au front de l'homme son reflet visible, c'est qu'elle imprime dans son âme un caractère permanent. L'homme bien élevé s'en va dans le chemin de sa vie voyageuse, emportant dans une éducation qui se survit à elle-même, avec la valeur qui le constitue, le signe qui doit le distinguer parmi les hommes, et lui assigner son rang dans la hiérarchie du progrès et de la civilisation.

En effet, Messieurs, l'éducation ne distingue pas seulement l'homme des autres êtres de la création, parce qu'il est, à le bien prendre, le seul être *élevé;* elle distingue par-dessus tout l'homme de l'homme; et considérée dans l'ensemble de l'humanité, elle y marque les divers degrés de la civilisation.

La civilisation! mot célèbre et sonore. Je le prends ici, non dans le sens abject que lui donnent ceux qui ne regardent l'homme qu'à la surface; mais dans le sens élevé que lui donne le christianisme. Il faut vous le rappeler toujours, Messieurs, la civilisation est plus grande que les chemins de fer, plus grande que les télégraphes électriques, plus grande que les canons rayés, plus grande que les navires à vapeur, plus grande que les miracles plus ou moins babyloniens de l'industrie moderne. On peut avoir tout cela et demeurer barbares; parce que tout cela touche immédiatement aux corps, et que la vraie civilisation touche immédiatement aux âmes. La civilisation! mais qu'y a-t-il de plus élémentaire pour toute société qui a gardé le sens de Jésus-Christ, c'est-à-dire la plénitude du bon sens humain transfiguré dans la lumière de Dieu? La civilisation! qu'aurais-je besoin de la définir aujourd'hui, si le mensonge et le sophisme n'étaient semés dans les intelligences, comme la poussière est semée dans l'atmosphère que nous respirons? La civilisation! mais c'est la culture des cœurs et l'élévation des âmes; c'est la formation de la vie par ces faces supérieures qui regardent le ciel et cherchent l'infini ; c'est l'action des intelligences sur les intelligences, des cœurs sur les cœurs et des âmes sur les âmes, s'éclairant, s'épurant et s'agrandissant par leurs contacts. C'est en un mot, comme résultat général et immédiat, l'élévation du *sens moral*. Là est le vrai criterium de la perfection sociale ; c'est le thermomètre des civilisations. J'insiste sur ce point.

Lorsque dans les sociétés les grandes iniquités se consomment et les grands crimes s'étalent sans consterner les âmes d'une consternation profonde; et lorsque le spectacle des plus hautes vertus et des dévouements les plus sublimes n'a plus même la puissance de tenir les esprits attentifs et les cœurs émus : alors, croyez le bien, quelle que soit leur splendeur matérielle, le niveau de la civilisation a baissé dans ces nations ; elles portent dans la diminution du sens moral le signe de leur décadence. Au contraire, lorsque les âmes ressentent comme leurs propres blessures les coups portés au droit et à la sainteté, et que les oppressions du bien y soulèvent contre les triomphes du mal de généreuses colères et des frémissements sacrés; lorsque les cœurs, émus à l'apparition de toutes les grandeurs morales, répondent par de sympathiques échos à tout ce qui est pur, à tout ce qui est saint, à tout ce qui est beau d'une beauté sans tache; lorsqu'on entend le concert des âmes vibrant à l'unisson de la justice et de la vérité, couvrir par d'unanimes applaudissements et par des acclamations spontanées de grandes causes héroïquement défendues, et d'illustres infortunes *noblement supportées;* lorsqu'enfin, à tous les degrés de la hiérarchie sociale, une voix plus puissante que la voix de tous les égoïstes intérêts et de tous les triomphes de la force, retentit au fond des âmes : en un mot, lorsque le sens moral des peuples est tout à la fois le plus profond, le plus délicat et le plus élevé : oh! alors, n'en doutez pas, la civilisation est grande, parce que les âmes sont hautes ; et sa puissance éclate à élever encore plus haut son niveau déjà sublime.

Voilà la civilisation ! Et dès lors, vous comprenez, Messieurs, pourquoi cette civilisation, qui n'est autre que le progrès lui-même, est si intimement liée à l'éducation ; c'est qu'elle en sort comme une plante de sa racine, comme une fleur de sa tige ; elle en est le produit naturel et l'effet immédiat, réagissant sans cesse sur la cause qui la produit ; elle se confond, pour ainsi dire, avec l'éducation elle-même. L'éducation, elle aussi, est la culture des âmes et la formation de l'homme par ses côtés les plus élevés, c'est l'agrandissement du sens moral dans les générations naissantes. Cette ressemblance, ou plutôt cette identité qui se révèle du fond des choses à la lumière du bon sens, vous montre ce qu'il importait le plus de bien établir ici, à savoir que l'éducation détermine le vrai progrès des peuples, parce qu'elle y marque le degré de la valeur humaine et le niveau des civilisations ; elle vous explique comment l'éducation distingue le sauvage du barbare, le barbare du civilisé et les civilisés entre eux. Un civilisé est un homme bien élevé, et le plus civilisé est le mieux élevé. Un barbare est un homme mal élevé ; et celui qui ne fut élevé en aucune manière demeure toujours l'homme-enfant, avec la candeur de moins et la grossièreté de plus. Aussi, même en pleine civilisation, l'homme dont les bons instincts aux jours de son enfance sont demeurés sans expansion et les mauvais sans répression, l'homme mal élevé enfin, fût-il le plus distingué par le génie, le plus grand par la richesse et le plus illustre par le sang, participe du sauvage et du barbare, s'il n'est sauvage et barbare tout à fait.

Regardez-le au sein de nos cités si polies, si lettrées, si savantes, cet homme qui par ses idées, par ses mœurs, par ses œuvres, apparaît comme une vivante insulte à la civilisation. Ces instincts pervers qui naissent avec nous et se développent contre nous, n'ont subi dans son âme le coup d'aucune répression; ils n'ont senti la verge d'aucune discipline; aucune main ne l'a dompté, et il ne s'est pas dompté lui-même; il n'a connu ni le châtiment généreux de l'amour, ni le châtiment plus généreux encore de sa liberté : rien enfin n'a vaincu en lui l'énergie du mal pour y assurer la libre expansion du bien; il n'est pas élevé; son éducation ne fut qu'une application faite à lui-même de la formule sauvage : *laissez faire la nature*. Cet homme n'est pas civilisé. Il est vrai, la civilisation matérielle reluit sur son vêtement, elle resplendit dans sa demeure, elle s'étale en ses festins ; mais il ne connaît ni la civilisation de l'âme, ni la civilisation du cœur : civilisé par toutes les faces inférieures de la vie, il est barbare par tous les autres côtés de sa vie demeurée sans culture. Ce lettré, cet élégant, cet opulent, ce parfumé, peut être le charme des plus brillants salons; ah! pénétrez-le bien : vous le trouverez égoïste, insensible, dur, sans affection, sans dévouement, sans pitié, sans tendresse ; poli dans la forme, il est grossier par le fond; et selon le vent qui passera sur le monde ou soufflera dans son cœur, un jour il sera cruel et féroce. Pour assouvir ses instincts demeurés sauvages, s'il le faut, il tuera des hommes, boira leur sang, déchirera leurs entrailles ; et ce fils de la civilisation étonnera la barbarie !

A la place de cet homme, mettez un peuple dont l'éducation n'a pas réprimé dans l'enfance les instincts dépravés : grand Dieu, quel peuple! un peuple qui a de la science, et point de foi ; de l'intelligence, et point de principes. Un peuple qui connaît la haine, non l'amour; la révolte, non l'obéissance ;

le mépris, non le respect ; l'impiété, non la religion ; le blasphème, non l'adoration; la volupté, non la chasteté. Un peuple qui a des passions, et qui ne sait se contenir ; de la force, et qui ne sait se vaincre ; capable de prévariquer, non de se repentir ; de s'enrichir, non de se dévouer : un peuple dans son ensemble, cupide, menteur, parjure, hypocrite, sans foi, sans amour, sans générosité, sans vertu, sans religion et sans Dieu : et pour tout dire en un mot, un peuple mal élevé.

Certes, Messieurs, voilà bien l'humanité barbare, l'humanité sans culture morale, déchue de la civilisation et ne connaissant plus d'autre empire que le brutal empire de la force. Aussi pour voir dans ce peuple se renouveler des scènes de cannibales et des spectacles de barbarie, que faut-il ? Presque rien, un coup soudain, un rouage qui se déconcerte, un mécanisme qui se rompt, un trône qui se renverse, une autorité qui tombe et brise dans sa chute tous les freins de la force qui retenaient captifs au cœur de ces civilisés tous les instincts barbares. C'est alors, qu'en pleine civilisation vous voyez apparaître, multipliée avec une rapidité effrayante, pareille aux reptiles éclos d'un orage, cette génération d'êtres impurs, méchants, audacieux, scélérats, obtenant tout à coup de la faiblesse des hommes et de leurs propres crimes, la puissance de faire trembler toute une nation sous le despotisme de la terreur. C'est alors, qu'au sein d'une civilisation menteuse, la barbarie éclate ; elle se dresse farouche, échevelée, sanglante, la fureur au visage, la haine au cœur et le poignard à la main ; elle fait ce que font tous les barbares vainqueurs : elle ravage, elle tue, elle massacre, elle détruit pour détruire ; elle écrit, sur les débris des institutions les plus saintes et les plus respectées, ce que peuvent pour perdre les nations et hâter leur décadence les hommes mal élevés : et le bruit de toutes les grandes choses qui tombent et la chute des âmes qui se précipitent, proclament mieux que tout discours, que le vrai progrès de l'humanité c'est l'éducation de l'enfance. Ainsi le progrès tient à l'éducation par un indissoluble lien. Voilà pourquoi l'éducation garde au milieu des peuples civilisés un intérêt toujours vivant, et pourquoi elle a dans ce siècle qui poursuit le progrès, une actualité plus grande encore : c'est que tous comprennent aujourd'hui que le progrès de l'humanité est en germe dans son éducation, et que les peuples progressifs ne sont que des peuples bien élevés.

Mais, Messieurs, vous montrer comment le progrès tient à l'éducation n'était que la moitié de ma tâche. Il me reste à montrer comment l'éducation tient au christianisme.

II

L'éducation, pour être progressive, doit être sérieusement religieuse et chrétienne. De Maistre écrivait à une sainte et noble mère, en parlant de l'aimable enfant formé par ses mains : « Si la vertu avait jeté en lui de si profondes racines; si le vice le trouva toujours invulnérable, et s'il parut dans la société armé de toutes pièces, vous le devez au courage que vous eûtes de contredire les fausses idées de votre siècle, et de rendre l'éducation de vos enfants *éminemment religieuse*. Les charlatans modernes qui ont diffamé le titre de philosophe, ont dicté des méthodes bien différentes : ils ont travaillé sans relâche à séparer la morale de la religion ; ils nous ont recommandé surtout de ne point livrer au prêtre les premières années de l'homme. Un d'eux est allé jusqu'à soutenir nettement qu'il ne fallait pas parler de Dieu aux enfants ; paradoxe qui touche d'assez près à la démence pour n'exciter que la pitié ! »

Sous ce rapport, nous avons des philosophes encore plus modernes qui ne sont pas devenus plus sages. On dirait que ce qu'ils craignent le plus dans l'éducation, c'est la religion, sans laquelle il ne peut pas même y avoir d'éducation : eux aussi recommandent de ne pas livrer au prêtre les premières années de l'homme, sans doute parce que le prêtre est pour l'enfant la principale personnification de la religion. Ne pouvant imiter ses inimitables influences, ils prennent le parti de les jalouser, et ils s'acharnent à les détruire.

Que l'éducation de l'homme doive être avant tout éminemment religieuse, c'est ce qui résulte tout d'abord de ces deux vérités absolument incontestables : il n'y a pas d'éducation sans morale, et il n'y a pas de morale sans religion : donc l'éducation est religieuse, ou elle n'est pas. Telle est la démonstration éternellement populaire de la vérité que j'établis en ce moment. Laissons une démonstration dont me dispense l'intelligence de cet auditoire, et cherchons au cœur même de l'éducation une révélation plus intime de la même vérité.

L'éducation, comme son nom le révèle, est un développement et une expansion ; développement des instincts les plus généreux, expansion des plus légitimes besoins de la vie. Découvrir du regard pénétrant de l'amour dans l'âme d'un enfant ce qu'il y a de plus pur et de plus noble, de plus profond et de plus sublime, et donner à tous ces instincts supérieurs une expansion harmonieuse et un développement fécond : telle est l'éducation. Or le besoin le plus légitime et le plus profond qu'apporte en naissant une âme humaine, c'est le besoin de Dieu ; son instinct le plus délicat, le plus sublime, le plus divin, c'est l'instinct religieux; l'instinct religieux, qui n'est que la respiration de l'âme appelant l'infini. Voilà pourquoi la religion est la première passion de l'âme humaine; c'est sa dernière encore; et quand le despotisme de la chair et la tyrannie de l'orgueil ont cessé de l'opprimer sous le joug des égoïstes instincts, alors cette divine passion se relève au fond de l'âme avec une force multipliée par tous les refoulements qui l'ont comprimée dans de longs jours de servitude; et cette âme qui a faim et soif de l'infini, pareille à un être qui a perdu son élément, rappelle Dieu son premier besoin, Dieu sa première passion, Dieu sa première respiration, l'élément même de sa vie. Aussi l'âme de l'enfant, alors que le mal ne l'a pas encore flétrie, est sympathique à Dieu; les harmonies de la religion répondent aux harmonies de son cœur; elle exerce sur lui, même sans qu'il y songe, une séduction sacrée. L'enfant a besoin d'adoration; il ouvre son cœur à Dieu, et Dieu y entre avec la religion comme dans sa naturelle demeure. Quand la religion vient à lui, en disant : Voilà Dieu; l'enfant le reconnaît comme un ami dont on a gardé le portrait caché dans sa maison ; il a besoin d'entrer avec lui dans une douce familiarité ; il cherche son sourire, ses caresses et ses bénédictions : et c'est avec une facilité inexprimable et un charme ravissant, que l'enfant tombant à genoux lui crie en le cherchant de ses regards : *Notre Père !*

Tel est le premier penchant, je devrais plutôt dire le premier essor d'une âme que le mal n'a pu encore pervertir. Tout instituteur de l'enfance qui ne répond pas à ce noble penchant, et ne favorise pas en le dirigeant ce sublime essor, fausse radicalement l'éducation et blesse mortellement la vie morale de l'homme. Lorsque l'éducation ne seconde pas en lui le développement progressif de ces angéliques instincts ; lorsqu'elle ne travaille pas à agrandir cette divine image que Dieu lui-même a imprimée dans son âme ; lorsqu'enfin elle ne répond pas par les spectacles du culte, par les élans de la prière et par le commerce des choses divines, à son invincible besoin d'adoration : alors ce besoin d'adorer, fond divin de l'âme humaine, se retourne vers la créature ou retombe sur lui-même. Alors l'enfant est prêt à toutes les idolâtries ; jeune encore et jusque dans les grâces de l'enfance, l'irréligion le flétrit et le déshonore ; elle le corrompt à l'endroit le plus délicat et le plus céleste de son être ; elle le déflore ; elle le découronne ; elle lui enlève sa plus céleste candeur et sa plus idéale beauté !

S'il n'y a rien de plus beau à contempler sous le ciel que l'enfant prosterné devant Dieu, pareil à l'ange de la prière ; je n'imagine rien de plus affreusement laid qu'un enfant impie déjà livré au démon du blasphème. Toujours désolante à voir partout où elle se produit dans une âme comme une apparition de Satan dans l'homme, l'irréligion dans un enfant m'est un spectacle deux fois lamentable, plus triste que toutes les tristes choses qui invoquent nos gémissements sur la terre. Quand je crois l'avoir rencontrée dans un enfant aimé, je l'avoue, je voudrais avoir les larmes de Jérémie pour pleurer sur cette Jérusalem ravagée avant l'heure, où déjà la religion se tait dans les ruines ! Allez dans un pensionnat, dans un collége, dans une institution où la religion non-seulement est négligée, écartée comme un commerce inutile, mais peut-être, hélas ! méprisée et flétrie comme un opprobre dans l'âme des enfants : quelle désolante vision ! quelle laideur morale à l'âge où la vie a ses plus beaux rayonnements ! Essayez de rencontrer là des enfants qui domptent leur égoïsme, leur orgueil, leur indépendance, leur colère, leur volupté surtout ; vous n'y parviendrez pas : l'enfant sans religion ne dompte pas ses passions. Là vous verrez l'enfant déjà incrédule, déjà impie peut-être ; et ce jeune impie, il est hautain, orgueilleux, révolté, insolent, grossier, voluptueux, méchant, presque barbare. Son éducation sans religion s'annule et se détruit elle-même ; sa vie la plus élevée manque de son élément ; elle étouffe dans le vide ou elle meurt dans la fange.

Donc, Messieurs, rêver un système d'éducation d'où la religion serait absente, ou, ce qui serait plus désastreux encore, une éducation où l'on apprendrait à dédaigner et à insulter la religion, ce serait appeler sur l'enfance toutes les flétrissures de l'âme et toutes les dégradations de la vie. Élever l'homme dans le mépris de Dieu et de ce qui touche à Dieu, c'est l'absurde, c'est la contradiction même, c'est l'éducation renversée : c'est prétendre élever la vie en commençant par décapiter la vie ; c'est vouloir l'agrandir en lui retranchant sa plus divine grandeur ; c'est dépouiller l'homme de sa première majesté, et lui ôter son sommet le plus haut ; c'est développer au plus intime de son être le principe le plus actif de toutes les décadences, en y anéantissant le ressort divin de tous ses vrais progrès ; c'est briser dans la vie naissante la seule force capable de faire monter de bas en haut toutes ses puissances et toutes ses facultés ; c'est retourner en sens contraire tout le mouvement de la vie ; c'est précipiter tout l'homme, en l'éloignant de Dieu vers lequel doit graviter toute vie progressive.

J'estime superflu d'insister sur un point où il me semble que nous nous rencontrons à peu près tous, même des extrémités les plus lointaines du monde moral et religieux. Qui oserait dire aujourd'hui : L'éducation n'a rien à faire avec la religion ? Instruits par tant et de si terribles leçons, volontiers nous reconnaissons que l'éducation doit être religieuse. Mais quelle religion doit pénétrer de sa vie l'éducation de l'enfance? Est-ce cette religion vague, indéterminée, sentimentale, humanitaire qui ne formule aucune croyance, qui n'impose aucun devoir, et qui ne donne à l'homme aucun frein pour se contenir? Religion étrange, naïvement appelée *universelle* par des apôtres nouveaux, et dont toute la largeur consiste à ne dogmatiser aucune vérité et à n'exclure aucune erreur!

Messieurs, la religion qui doit aujourd'hui pénétrer vos enfants de ses influences fécondes, c'est la vôtre : c'est le christianisme, et le christianisme véritable. Ce n'est pas assez que l'éducation soit simplement religieuse; il faut qu'elle soit profondément chrétienne et catholique. Nous avons parlé tout à l'heure de barbarie et de civilisation, et nous avons vu que ce qui sépare surtout l'une de l'autre c'est l'éducation en général. Je précise maintenant, et je dis que ce qui doit désormais distinguer en fait les peuples barbares des peuples civilisés, c'est l'éducation chrétienne et catholique.

Il n'y a dans le monde que ces deux grandes divisions : il y a l'humanité barbare et l'humanité civilisée. Entre ces deux pôles du monde moral il est des intermédiaires, semi-barbares, semi-civilisés ; mais au fond la division subsiste : barbarie et civilisation ; entre ces deux points extrêmes l'humanité avance ou recule ; elle marche à son progrès ou à sa décadence ; et ces deux mots aujourd'hui signifient : christianisme et antichristianisme. Parcourez tous les peuples que le Christ n'a pas marqués de son signe ; regardez-les au visage ; surtout pénétrez dans leur fond : au dedans comme au dehors, vous lisez ce mot écrit dans leurs mœurs encore plus que dans leurs traits : *barbares*. Sous ce rapport, Druses et Mahométans, Indiens et Tartares, Chinois et Cochinchinois se rencontrent dans une même dégradation, n'offrant à l'œil de l'observateur que des nuances dans la barbarie et des variétés dans la décadence. Que voyez-vous en effet dans ces peuples même les moins ravalés en dehors du christianisme ? Absence d'humanité, absence de dévouement, absence de charité, absence de sacrifice, absence de chasteté, absence d'humilité, absence de fraternité, absence d'égalité, absence de liberté, et, ce qui les caractérise par-dessus tout, absence de justice, de bonne foi et de sincérité. Et à la place de tous ces signes glorieux de la vraie civilisation, que trouvez-vous? Égoïsme, cupidité, avarice, impureté, parjure, cruauté, mensonge et perfidie. Certes, je n'entends pas dire que tous les civilisés soient exempts de tels vices : mais tandis que dans les peuples vraiment civilisés ils apparaissent comme une dérogation à l'esprit général et comme un outrage à la conscience publique, ils constituent le caractère même des peuples barbares. Contre ces vices enracinés et, pour ainsi dire, naturalisés par des siècles d'abjection, il n'y a pas même une protestation de la conscience humaine. Dans les peuples demeurés chrétiens, les insolences de l'injustice et le cynisme du mensonge provoquent au fond des âmes un témoignage qui les flétrit jusque dans la gloire de leurs succès. Si les consciences désarmées ne peuvent vaincre par la force morale la brutalité de la force matérielle mise au service du mal, elles gardent de ses triomphes des indignations sourdes, qui tôt ou tard éclatent comme une réparation solennelle, et comme une satisfaction donnée à la justice et à la civilisation, après les saturnales du crime et de la barbarie. Mais dans ces peuples dégradés les triomphes de la force brutale, les orgies de l'immoralité, les chefs-d'œuvre du mensonge et de la perfidie sont dans leur milieu ; ni les âmes n'en sont blessées, ni les consciences n'en sont indignées, ni les cœurs n'en sont émus.

A quoi tient cette différence profonde ? D'où vient ce contraste éclatant ? Un seul mot vous explique tout : ces peuples ne sont pas *chrétiens* ; ils n'ont pas reçu du Christ le baptême de la civilisation et le sacre du vrai progrès. Les nations les plus fières et matériellement les plus puissantes, portent la trace de cette foudre qui tombe pour dévorer la civilisation véritable, partout où elle ne rencontre pas le divin paratonnerre, la croix marquée du sang régénérateur ; la croix, emblème sacré de tout progrès par le christianisme ; la croix qui brille aujourd'hui au sommet de la cathédrale de Pékin, pour attester le triomphe de la civilisation sur la barbarie et présager des victoires nouvelles à ce drapeau conquérant, le seul qui soit appelé à faire le tour du monde. Partout où ce drapeau sera porté par la main triomphante de nos soldats, ou mieux encore par la main désarmée de nos missionnaires, la civilisation germera sur son passage, et la barbarie reculera devant lui. Il en est ainsi, Messieurs : partout et toujours la frontière chrétienne marque la frontière de la civilisation ; et je souscris de toute mon âme à cette parole d'un jeune et brillant écrivain : « La chrétienté a droit « d'appeler barbare tout ce qui n'est pas elle. » Qui oserait le contester recevrait le démenti de toutes les barbaries et de toutes les civilisations passées, présentes et futures. Tout ce qui dans le passé n'a pas connu le Christ, même dans le luxe de la science et de la littérature, a été barbare : tout ce qui ne l'adore pas dans le présent est et demeure barbare ; et tout ce qui après l'avoir connu et adoré vient à se séparer de lui, retourne à la barbarie. Cette vérité est écrite en Afrique, en Asie, en Amérique, et jusqu'en notre Europe, dans des ruines qui sont encore là, appelant avec le Christ régénérateur la résurrection et la vie. Oui, ces ruines de la civilisation que la barbarie a multipliées partout où elle a passé ; ces ruines qui demeurent comme les vestiges de la vie morale pulvérisée par la force brutale, ce sont des ruines éloquentes : elles racontent le passé; elles pleurent sur le présent; elles prophétisent l'avenir ; elles crient à qui veut les entendre, que là où il n'y aura plus de Christ, il n'y aura plus de civilisation.

Mais, Messieurs, prenons-y garde, ces deux humanités, barbare et civilisée, ne sont plus aujourd'hui géographiquement séparées par des frontières matérielles, par des fleuves ou des montagnes, par des continents ou des mers. Il y a une civilisation au sein de la barbarie. Au milieu des peuples barbares il y a des civilisés, parce qu'il y a des chrétiens. Les semences divines de la civilisation jetées à tous les souffles et fécondées par tous les dévouements, ont germé sur tous les rivages; et partout arrosée du sang de nos martyrs sa fleur a poussé sur toute terre et s'épanouit à tout soleil. La civilisation est en Chine; elle est en Corée; elle est aux

Indes; elle est dans l'Océanie; elle est au fond de toutes les solitudes, solitudes de la terre et solitudes de la mer; elle apparaît çà et là comme l'oasis au milieu du désert, belle aux regards, plus belle au cœur qui l'a rencontrée sur sa route. Et si nos frères voyageurs, égarés sur des rives barbares et dans des solitudes sauvages, y respirent encore en passant un parfum de cette civilisation qui a fleuri autour de leur berceau, ah! c'est que là le nom du Christ fut prononcé, là le signe du Christ fut montré, là le sang du Christ a coulé.

Mais, s'il y a des civilisés au sein des peuples barbares, il y a des barbares aussi au milieu des civilisés. Je n'entends pas parler seulement de ces rares Chinois, Indiens ou Mahométans égarés par l'événement au sein de nos grandes villes: j'entends parler d'une barbarie qui germe sur notre sol et sort de notre sang; barbarie effrayante, qui porte encore au front un signe obscurci de son baptême, vestige à peine effacé d'un christianisme qui s'en va tous les jours.

« Sachez, dit saint Paul, qu'un jour le monde verra des temps périlleux : une race d'hommes paraîtra qui sera l'effroi des sociétés; et voici à quels traits vous la reconnaîtrez : Hommes égoïstes, pris de l'amour d'eux-mêmes; cupides, arrogants, orgueilleux, blasphémateurs, désobéissants, ingrats, scélérats, inquiets, incapables de demeurer en repos et n'y pouvant laisser les autres; calomniateurs, incontinents, cruels, méchants, traîtres, insolents, enflés du vent de leur orgueil, aimant la volupté plus que Dieu, couverts du masque de la religion et apostats de la vertu, ennemis de la vérité, condamnés par la foi, corrompus par l'intelligence autant que par le cœur (1). »

Messieurs, en entendant ces paroles, qui croiriez-vous entendre, ou un prophète annonçant le futur avénement de cette race perverse, ou un historien peignant trait pour trait cette race déjà venue? Je le demande à quiconque a le sens de la vie contemporaine : cette humanité peinte par saint Paul, est-ce un mythe au dix-neuvième siècle? Qui n'a senti dans les livres, dans les discours, dans les choses, le contact

(1) II Timoth. III, 1.

de cette humanité barbare qui traverse en la consternant la civilisation chrétienne? Qui parmi nous n'a entendu dans le monde le bruit de ses coups? Qui n'a reconnu dans les événements la trace de ses pas? Enfants des croisés, fils de cette civilisation qui a substitué l'empire du droit à l'empire de la force et le règne de la justice à la domination du glaive; quoi! vous ne voyez pas qu'autour de vous une barbarie nouvelle se refait contre vous, plus redoutable que la barbarie vaincue et anéantie par vous? Quoi! vous ne l'avez pas vue passer sur les chemins de la vieille Europe et à travers nos cités émues, la race chaque jour grandissante des hommes sans foi, sans principes, sans mœurs, sans religion et sans Dieu? Vous ne l'avez pas entendue faisant redire par tous les échos du monde cette parole que disaient déjà, il y a trois mille ans, des barbares se rencontrant à Jérusalem au sein même du peuple choisi : « La loi de notre « justice, c'est notre force : *lex justitiæ nostræ* « *fortitudo nostra* (1). »

(1) Sap. II.

Ah ! Messieurs, cette barbarie qui méprise tout droit et renverse toute justice, prenez-y garde, elle a des convoitises qui ne connaissent pas d'assouvissement, elle a des ambitions qui ne connaissent pas de limites. Un jour, de ses yeux jaloux elle a regardé vos biens, et elle a dit : « Ils sont riches, nous sommes pauvres ; nous les dépouillerons. » Elle a regardé les potentats, pâlissant sur leurs trônes au bruit de ses menaces, et elle a dit : « Ils sont faibles, nous les renverserons. » Elle a regardé le monde moderne avec toutes ses inventions et tous ses engins, et elle a dit : « Ce monde nous appartient, nous le posséderons. » Et à l'heure qu'il est, sous vos propres regards, elle dit à cette civilisation matérielle, votre gloire et votre danger : « Avance, avance encore : encore plus de découvertes ; encore plus de machines ; encore plus de vaisseaux ; encore plus de canons ; encore plus de télégraphes ; encore plus de chemins de fer : marche, marche encore. Un jour, et ce jour ne tardera pas, tous ces navires seront à moi, tous ces chemins de fer seront à moi, tous ces télégraphes seront à moi, tous ces canons rayés seront à moi. Et quand j'aurai tout cela dans mes mains, je frapperai mes grands coups ; et plus que devant Alexandre la terre se taira devant moi. »

Ainsi une barbarie sans aucun frein ni moral ni religieux ; une barbarie dévorée d'un immense désir de jouissance et de domination ; une barbarie qui semble étendre la main pour saisir d'un bout du monde à l'autre toutes les armes de destruction créées par votre génie : voilà ce que j'ai vu au sein de notre Europe ; quiconque ne la voit pas est un aveugle en plein soleil. Cette barbarie, donnez-lui le nom que vous voudrez. Que m'importent les noms, quand la chose est palpable, vivante, menaçante? Oui, je prends à témoin le ciel et la terre, Dieu et les hommes : cette barbarie existe, elle vous regarde, elle vous hait, elle vous menace, elle attend l'heure!!...

Eh bien, je le demande, de quoi se compose cette barbarie nouvelle portant sous nos yeux en plein christianisme la robe de la civilisation? Elle se compose de tout ce qui n'est plus chrétien ; elle se recrute et s'accroît partout de tout ce qui a horreur du prêtre, horreur de l'Église, horreur du Pape, horreur du Christ, horreur de Dieu. Parmi ces barbares nouveaux beaucoup se disent chrétiens encore : pseudo-chrétiens qui portent le christianisme dans leurs discours et l'antichristianisme dans leurs cœurs; qui ont détruit en eux et travaillent à détruire autour d'eux tout ce qui est du véritable Christ ; qui exaltent son humanité et renient sa divinité; qui prétendent l'honorer dans l'histoire, et partout le poursuivent dans sa doctrine, dans sa morale, dans ses institutions, dans ses saints : chrétiens sans humilité, sans abnégation, sans obéissance, sans mortification, sans sacrifice : faux chrétiens et faux frères, mentant au Christ et à la fraternité ; véritables païens au sein du christianisme, véritables barbares au sein de la civilisation !

Telle est la grande division de notre monde moderne : il n'y a plus en présence que ces deux drapeaux qui se partagent l'humanité, le drapeau de la civilisation et le drapeau de la barbarie; et cela veut dire : le drapeau du christianisme et le drapeau de l'antichristianisme. Le second ne reculera que devant le premier ; et ce qui le fera reculer, ce ne sera pas le soldat armé de la baïonnette et du canon, fût-il même, comme on a nommé le soldat français, le premier soldat du monde ; ce qui fera reculer devant nous toute barbarie, barbarie du dehors et barbarie du dedans, ce sera le Christ : le Christ vainqueur des âmes par sa vérité, des cœurs par son amour, des volontés par son autorité. Continuerons-nous avec Jésus-Christ notre marche progressive ? rétrograderons-nous en nous éloignant de Jésus-Christ vers les frontières de la barbarie ? c'est la question de l'avenir.

Mais cette question, qui porte dans ses replis la barbarie ou la civilisation, la décadence ou le progrès, qui pourra la résoudre ? l'éducation. Pour arrêter les progrès de la barbarie renaissante il faut une grande régénération chrétienne. Et comment le christianisme renouvellera-t-il parmi nous son immortelle jeunesse ? Par l'éducation chrétienne, c'est-à-dire par la formation de Jésus-Christ dans les générations nouvelles. Oui, Messieurs, le Christ formé et grandissant dans les enfants, le Christ dans leur intelligence, le Christ dans leur cœur, le Christ dans leur volonté, le Christ dans leur âme, le Christ dans tout leur être ; la vie du Christ en un mot coulant à pleins bords par le cœur de l'enfance dans les veines de l'humanité : voilà le progrès de l'avenir. Dans soixante ans, Messieurs, vous aurez tous disparu ; une autre humanité vous aura remplacés sur la scène du monde. Cette humanité quelle sera-t-elle ? Sera-ce une humanité civilisée et progressive ? sera-ce une humanité rétrograde et barbare ? c'est le secret de Dieu ; mais ce seret de Dieu est dans la main des hommes, et l'oracle de l'avenir répond d'avance à la question du présent ; il vous dit par ma voix qui vous le prophétise : Cette humanité sera ce que vous-mêmes l'aurez faite ; barbare et rétrograde, si vous l'élevez sans Jésus-Christ et contre Jésus-Christ ; civilisée et progressive, si vous l'élevez en Jésus-Christ et pour Jésus-Christ.

Voilà l'avenir, vous dis-je, et voilà notre souveraine et notre unique ambition : nous voulons dans ce monde moderne une grande rénovation chrétienne ; et pour préparer cette rénovation qui seule peut nous sauver de la barbarie, nous voulons une seule chose, Jésus-Christ dans vos enfants : Jésus-Christ et sa doctrine, Jésus-Christ et son amour, Jésus-Christ et son autorité, Jésus-Christ et sa sainteté, Jésus-Christ et sa pureté, Jésus-Christ tout entier croissant dans vos enfants; ou plutôt tous vos enfants croissant en Jésus-Christ de toutes les manières.

Oui, je le repète, voilà notre ambition. Pour cette œuvre sublime, qui prépare l'avenir et ses grandeurs, nous tendons la main à tous ceux qui comme nous ont la conscience de n'en avoir pas d'autre. Prêtres ou laïques, pères de famille ou célibataires, hommes du cloître, hommes du sanctuaire, hommes du monde, qu'importe? Pour cette œuvre fraternelle, sociale et chrétienne, ne répudions personne. L'éducation dont je viens vous révéler le secret, elle n'est ni la possession d'une caste, ni l'œuvre d'une classe d'hommes; elle appartient à tout ce qui apporte le Christ dans une parole sincère et dans un cœur dévoué. Que celui qui est plus chrétien que moi marche avant moi et fasse mieux que moi. Que celui qui se sent le plus ambitieux de se dévouer pour donner Jésus-Christ aux enfants, ah ! que celui-là soit le premier; qu'il triomphe et marche de conquête en conquête; pourvu que Jésus-Christ soit formé dans l'enfance, et que cette croissance de Jésus-Christ dans les générations nouvelles devienne le progrès de ce siècle et l'élévation de l'humanité.

DEUXIÈME CONFÉRENCE

DEUXIÈME CONFÉRENCE

LE PROGRÈS DANS L'ÉDUCATION

PAR LA FOI CHRÉTIENNE

ÉMINENCE,

La famille une fois constituée dans ses éléments essentiels a une fonction commune à la paternité et à la maternité : élever l'enfant. Ce ministère sublime, dont le propre est d'achever l'homme et d'agrandir l'humanité, ne pouvait être omis dans cette prédication *du progrès par le Christianisme*. En apparence fort distinct de ce sujet, il touche tellement à son fond qu'il s'identifie pour ainsi dire avec lui-même. Nous avons établi la relation nécessaire qui rattache ce sujet particulier à notre sujet général, en montrant comment le progrès tient à l'éducation, et comment l'éducation tient au christianisme. Le progrès tient à l'éducation, parce que tout progrès véritable n'est que l'agrandissement de la valeur humaine, et que ce qui donne à l'homme avec sa valeur le signe qui le distingue, c'est son éducation. L'éducation tient au christianisme, parce que seule l'éducation chrétienne, en propageant la vie du Christ, crée la vraie civilisation, et trace avec la croix dans l'espace et le temps la frontière glorieuse qui la sépare de toute barbarie.

Il s'agit maintenant d'entrer dans le fond des choses et de montrer plus au détail comment le vrai christianisme résout le difficile problème d'une éducation progressive. L'éducation n'étant autre que l'agrandissement de l'homme, notre plan est tout tracé ; il faut suivre la hiérarchie de ses facultés, et montrer comment l'éducation chrétienne en leur donnant le plus parfait développement, l'agrandit par toutes ses faces et l'élève de toute manière.

En tout édifice qui doit se soutenir il faut

avant tout considérer la base : le premier travail de l'éducation de la vie humaine est d'en poser le fondement et de lui donner d'inébranlables assises. Or il se présente tout d'abord dans l'homme une faculté qui est le point d'appui de toute la vie ; cette faculté c'est l'*intelligence*. L'intelligence est une vue de la vérité intime ; c'est l'âme humaine lisant dans le fond des êtres à leur propre lumière. L'âme mise en face du vrai le regarde ; elle le conçoit ; elle le saisit ; elle l'étreint ; elle s'unit à lui : elle fait un acte d'intelligence. L'intelligence est comme un indissoluble mariage entre une âme et la vérité : plus le vrai que l'âme unit à elle-même est pris dans l'intime des choses et de leurs éléments, plus l'intelligence est parfaite. On voit par là quelle est la vraie classification des intelligences. Les hommes nuls sont ceux qui ne savent lire qu'aux surfaces ; les hommes médiocres sont ceux qui ne pénètrent qu'une certaine écorce ; les hommes supérieurs sont ceux qui atteignent jusqu'à la moelle des choses ; on les appelle profonds parce qu'ils touchent le fond des êtres, ou du moins en approchent plus que le vulgaire des hommes.

Telle est l'intelligence humaine : il s'agit de trouver le vrai secret de son développement et de son éducation. Car, bien que le développement de cette faculté semble surtout constituer ce qu'on appelle la science et l'instruction, il y a une formation première de l'intelligence qui fait partie essentielle de l'éducation, et sans laquelle l'homme ne se peut même concevoir. On peut être un homme sans être instruit ; on n'est pas un homme sans être intelligent. Si Dieu me vient en aide et ouvre vos âmes au rayonnement de la vérité, j'espère vous faire voir clairement dans cette conférence, que le christianisme, et spécialement le catholicisme, pose seul dans l'âme humaine les vraies assises de l'éducation ; parce que seul il réalise les conditions premières d'une véritable formation de l'intelligence.

I

La véritable formation de l'intelligence, Messieurs, est bien différente de ce que pensent beaucoup d'hommes de notre temps. On apprend à des enfants un peu d'histoire, un peu de géographie, un peu de mathématiques, un peu de grec, un peu de latin : un peu de tout. On leur compose de tout cela une sorte de bagage littéraire et scientifique. Plus tard, de ces enfants parvenus à l'âge d'homme on fait des savants ou des lettrés ; des spécialités de la science ou des illustrations de la littérature : pauvres savants qui ne possèdent pas toujours le trésor du bon sens ; tristes illustrations qui ne gardent pas toujours l'honneur de l'homme. Mettre la formation de l'intelligence dans l'entassement de tant de choses plus ou moins coordonnées, ou dans l'étude d'une seule chose plus ou moins approfondie, c'est méconnaître les conditions les plus élémentaires de l'éducation humaine ; c'est confondre l'ornement de l'intelligence avec l'intelligence elle-même ; c'est prendre ce qu'un auteur nommait bien *les embellissements de l'homme* pour sa véritable architecture. L'homme est un vivant édifice construit par un divin architecte, et la base de cet édifice, nous l'avons dit, c'est l'intelligence. C'est l'intelligence qui porte toute la vie ; mais l'intelligence elle-même comment se soutient-elle? Sur quoi doit-elle s'appuyer pour arriver plus tard à son développement, et avec elle-même élever toute la vie?

Messieurs, ce qui soutient et porte l'intelligence, ce sont les principes. Pour soutenir la vie et la porter haute et ferme, elle doit elle-même s'appuyer sur son inébranlable fond; et son fond ce sont les principes, c'est-à-dire le fond même des choses. Ce qui crée en nous l'être raisonnable, ce qui constitue la raison elle-même, c'est, selon la pensée d'un savant et profond écrivain, « l'habitude des principes et la possession des grandes lois. » Là, dans la connaissance certaine des grands principes et des grandes lois, sont les premiers éléments de la vie intellectuelle : là est la terre ferme et féconde où l'intelligence doit jeter ses racines pour arriver à sa hauteur, et atteindre la plénitude de son développement. J'ai dit que l'homme est un vivant édifice; j'aime mieux dire : l'homme est un arbre vivant; comme tout arbre et toute plante, ce qu'il lui faut d'abord c'est de s'enraciner dans le sol qui le nourrit. Pareil au chêne qui, avant de monter haut dans la forêt, commence par pousser loin sous terre ses racines vigoureuses ; l'homme jeune encore doit tenir par ses premières convictions comme par de fortes attaches à la terre des vérités primordiales que l'éducation enseigne à son enfance. Il faut qu'autour de ces vérités fondamentales, son intelligence s'enlace elle-même par des étreintes que rien ne puisse plus rompre : alors, et alors seulement, l'homme peut s'élever, et dans son élévation défier les tempêtes. Que feraient même au plus grand chêne un tronc sublime, des rameaux superbes, un splendide feuillage, s'il ne plongeait dans la terre encore plus que dans le ciel ? Il ne faudrait qu'un coup de vent pour le coucher par terre avec ses magnifiques débris. Et que deviendrait l'homme le plus élevé par la naissance, le plus fécond par le génie, le plus fort par toutes ses puissances, si sa vie n'était fixée dans la certitude et affermie dans la vérité ? Que vous importe, quand vous avez vingt-cinq ans, un amas de connaissances utiles sans doute, mais dont absolument vous pourriez vous passer, si l'éducation vous a laissé vide de ces vérités nécessaires qui portent l'homme tout entier ? A quoi vous servira, au point de vue de la destinée et du progrès de votre vie, tant de mathématiques, d'histoire, de physique et d'astronomie, si vous n'avez pas de symbole ? Que vous fait ce fardeau de mille systèmes philosophiques, qui surcharge votre jeune intelligence, si l'appui des vérités premières se dérobe sous elle ; et si vous êtes condamné par le vice de votre éducation à marcher toute votre vie sur des abîmes de doute ?

Jeune homme, qu'avez-vous gagné à creuser avec une opiniâtreté douloureuse tant de mystères de la vie, si vous en êtes encore, après tant de fatigues, à vous demander avec effroi quel est le principe, quel est le terme et quelle est la règle obligatoire de la vie ? si devant ces questions que vous voulez écarter et que tout vous ramène : « D'où venez-vous ? où allez-vous ? » votre intelligence sans dogme défini et sans point d'appui certain, en est réduite à se répondre à elle-même : « Je ne sais pas ? » Qu'adviendra-t-il un jour de cette intelligence sans symbole, de cette âme sans croyance, de cette science sans boussole ? Comment cette vie qui manque de stabilité pourra-t-elle sans danger pour elle-même s'élever et grandir ?

Comment l'enfant déraciné à l'heure de la croissance deviendra-t-il un homme? Comment fera-t-il pour enchaîner ses passions et vaincre en lui leur force rétrograde ? Sur quoi s'appuiera-t-il pour résister à leurs atteintes et dompter leurs violences, s'il ne sent au fond de son intelligence le roc des vérités incontestables? si le père qui l'a formé, le maître qui l'a enseigné, ne lui a bien appris que ses doutes? et si pour résoudre pratiquement l'énigme de la vie, il ne lui a donné que des problèmes de philosophie ?

Donc, Messieurs, appuyer l'âme de l'enfant sur le fond éternel des principes et sur une inébranlable certitude : telle est la condition première pour former l'intelligence et poser les bases de la vie. Mais par quelle voie les principes prendront-ils racine dans l'intelligence? La réponse à cette question ne peut être douteuse : ce qui pose les principes au fond de l'intelligence, c'est l'affirmation. Ici la vérité des choses se révèle dans la philosophie des mots. Il s'agit de donner à une âme ses premières assises ; il s'agit de l'affermir dans la région du vrai : or, ce qui affermit l'âme et la fixe dans le vrai, c'est l'affirmation ; c'est le verbe fondateur posant au fond de l'âme la base de tout l'édifice : c'est, en un mot, la parole ou l'enseignement de l'autorité. L'autorité est de l'essence de toute éducation humaine. L'autorité du père se révèle et se complète elle-même par l'éducation de l'enfant ; et le premier acte de l'autorité paternelle porte sur son intelligence. Au besoin que l'enfant éprouve de croire le père répond par la puissance d'affirmer. C'est la beauté de l'œuvre de Dieu dans l'homme. Ce qui pose l'intelligence vivante et ferme sur la vérité, c'est ce coup mystérieux du Verbe affirmateur, c'est l'autorité qui crie par la voix du père à l'âme de l'enfant sortant de son sommeil : « Je t'appelle, réponds-moi ; moi qui suis l'amour, moi qui ne trompe pas, je te le dis : voici la vérité ! » Et la vérité du fond de l'âme de l'enfant répond à la voix qui l'appelle : car l'intelligence, même en ces premières fondations de la pensée, n'est pas purement passive ; elle a une activité intime qui fait écho au dedans à la parole qui retentit au dehors.

Telle est la voie simple, mais profonde que

suit la Providence dans la formation première de l'homme. La vie entière s'appuie sur l'intelligence ; l'intelligence se fonde sur les principes ; les principes se posent au fond de l'âme par l'autorité ; et l'autorité par la puissance de l'affirmation donne à l'âme de l'enfant ses premières assises dans la vérité. Messieurs, sachez-le bien, vous ne pouvez pas plus changer cet ordre de formation intellectuelle dans l'homme, que vous ne pouvez changer dans la nature les bases de la terre et les conditions de l'ordre matériel.

En dehors de ce procédé, il n'y a que deux méthodes imaginables pour former l'enfant à la vie intellectuelle : l'abstention ou la discussion ; l'abstention de tout enseignement, ou la discussion de tout ce qu'on enseigne : le premier est le nihilisme, le second le scepticisme ; l'un et l'autre est la suppression de toute base de l'éducation humaine. Cet homme qui parut mettre sa gloire à contredire avec le bon sens Dieu et le genre humain, Jean-Jacques Rousseau, poussant le paradoxe jusqu'à l'extravagance, imagina, comme idéal de la formation de l'homme, un système d'éducation où la vie intellectuelle, morale et religieuse est soustraite à toute influence doctrinale et dogmatique. A la réserve d'un certain développement intellectuel entièrement étranger à la conscience et à la vie morale, le corps seul est admis jusqu'à quatorze ans au bénéfice de l'éducation : il grandit et se développe au souffle de la nature, tandis que l'âme et la conscience dorment ensevelies comme dans un lourd sommeil, attendant l'heure d'un éveil spontané et d'une éclosion tardive. Jusqu'à quatorze ans, ne parler à un enfant ni de l'âme, ni de Dieu, ni de vertu, ni de religion ; ne rien lui demander au nom d'une idée morale ni d'une idée religieuse, afin qu'un jour l'enfant choisisse libre de tout préjugé la morale, la doctrine, la religion et la divinité à laquelle il veut donner le gouvernement de sa vie : tel était le secret nouveau apporté à la terre pour élever l'homme et agrandir l'humanité. Il faut citer pour ceux qui n'ont pas lu ; car ici le vrai est à peine vraisemblable.

« Nous qui ne voulons rien enseigner à « notre Emile qu'il ne pût de lui-même ap- « prendre en tout pays, dans quelle religion

« l'élèverons-nous ? Nous le mettrons en état « de choisir celle où le meilleur usage de sa « raison doit le conduire. Gardons-nous de « vouloir enseigner la vérité à ceux qui ne « sont pas en état de l'entendre : car c'est « vouloir y substituer l'erreur. Si j'avais à « peindre la stupidité fâcheuse, je peindrais « un pédant enseignant le catéchisme à des « enfants de huit ans : et si je voulais rendre « un enfant fou, je l'obligerais d'expliquer ce « qu'il dit en disant son catéchisme. »

Vous n'attendez pas, Messieurs, que je fasse à de telles folies l'honneur d'une réfutation sérieuse. Quoi ! exiger que l'enfant choisisse lui-même une morale, une religion, un Dieu, lui à qui l'on n'a jamais parlé ni de Dieu, ni de religion, ni de morale ! Elever sans notion de loi, de conscience, de religion et de divinité, jusqu'à quatorze ans, cette créature humaine que vous nommez stupidement l'enfant de la nature ; comme si l'âme, la conscience, la morale, la religion n'avaient rien à démêler avec notre nature ! Au nom de la raison sommer l'enfant qui ne sait rien d'embrasser la doctrine et la religion où doit le conduire le meilleur usage de sa raison, lorsque sans idée de l'âme, de Dieu et de la conscience, il ne peut pas même faire usage de sa raison! O philosophe, vous nous parlez au nom de la nature, et vous ne voyez pas jusqu'où vos paradoxes insultent la nature? Vous nous parlez au nom de la raison, et vous ne voyez pas le cercle vicieux où s'enferme ici votre raison? Au nom de l'une et de l'autre, nous vous demandons l'éducation de l'homme; et votre génie nous répond par l'éducation d'une brute! Allez, sophiste, allez : l'humanité vous méprise; elle répond à vos utopies par une infaillible pratique; elle confond le génie de l'innovation par le génie du sens commun; et tandis que quelques esprits attardés, rares héritiers de vos sophismes, font de vos théories des expériences cruelles qui tuent dans leurs enfants la vie religieuse et même la vie morale; elle continue, guidée par le bon sens autant que par la foi, d'apprendre à ses enfants de huit ans la morale, l'âme, la conscience, la religion, Dieu : le catéchisme enfin, divin abrégé de tout ce que doit savoir un enfant pour devenir un homme.

Je le sais, Messieurs, la plupart des adversaires de la méthode affirmative ne vont pas jusque-là : ils ne demandent pas d'ajourner après tout le développement matériel de l'enfant sa culture morale, ils consentent à ce que l'enfant le plus tôt possible soit initié à la vie de l'âme et de la conscience ; mais comment? Par voie de raisonnement et de discussion. On ne veut pas de l'éducation qui commence par dire à l'enfant au nom d'une autorité : Croyez parce que j'ai parlé ; affirmez parce que j'affirme. A ce procédé trop naturel on substitue un procédé artificiel : on veut l'éducation qui dit à l'enfant : Croyez parce que vous voyez ; affirmez parce que je démontre.

O sages de la terre, c'est là toute votre sagesse? Vous demandez à cette jeune intelligence de juger vos démonstrations, lorsque sans principes et sans idées déterminées elle ne peut pas même entendre les éléments d'une démonstration? Alors qu'il s'agit de poser les fondements, vous supposez la construction de l'édifice? Vous faites appel au raisonnement pour former la raison ; et vous oubliez qu'il faut déjà la raison pour entendre vos raisonnements ? J'admire votre simplicité ; Rousseau lui-même vous dirait ici en raillant une sagesse un peu moins folle que la sienne : « c'est commencer par la fin. » Et moi, je vous dis : c'est ruiner l'œuvre avant même qu'elle ne soit faite. Quoi ! il fallait commencer par donner à la vie une base que rien ne puisse plus ébranler, et vous commencez par y creuser des abîmes que rien ne comblera plus ? Prenez garde : vous mentez aux plus intimes besoins de la vie ; intellectuellement vous créez un être manqué. Vous dérogez à la nature ; la nature vous punira par des avortements. Vous pensiez à force de raisonnements former l'homme raisonnable ; vous formez l'homme rationaliste. Vous avez craint de lui inculquer des dogmes, vous lui avez inoculé le scepticisme ; vous n'avez pas voulu semer en lui les vérités premières et les féconder par un verbe affirmateur ; votre verbe raisonneur desséchera cette terre vierge de l'intelligence : tous les vents de l'erreur y soufferont avant le temps, la vérité n'y germera pas. Cet enfant, à dix-huit ans, n'aura pas de doctrines ; il n'aura que des opinions, et quelles opinions ! changeantes, incertaines, flottant au vent de toute parole sans foi. Vous n'avez pas osé affirmer résolument devant sa pensée naissante les dogmes invariables et définis du christianisme ; l'enfant s'en ira errant à travers tous les chemins sans issue dans le labyrinthe des opinions humaines ; il poursuivra d'étape en étape et de fatigue en fatigue le long itinéraire de l'erreur, sans rencontrer jamais le repos au sein de la vérité.

L'enfant est ainsi fait ; il a besoin de croire, comme il a besoin d'adorer. Ce besoin indestructible, vous ne l'avez pas satisfait par l'enseignement affirmatif de la vérité ; il se tournera à tous les rêves de l'erreur ; il poursuivra à outrance, et peut-être avec une frénésie dédespérée, toutes les chimères de l'humaine pensée : il croira tout, oui tout, hormis la vérité. Poussé tantôt à droite et tantôt à gauche, ballotté par tous les souffles d'erreur qui passeront sur son intelligence en l'inclinant comme le vent un frêle roseau, il n'aura ni une religion, ni une doctrine, ni même une opinion bien arrêtée. Et lui, peut-être une gloire de la science ou de la littérature, il ira grossir d'une unité de plus cette multitude toujours croissante de savants sans doctrine et de lettrés sans principes, la peste des sociétés et le fléau de notre temps. Son intelligence sans base fixe et sans point d'appui certain, manquera d'attitude, de vigueur, de fermeté ; on le trouvera prêt à toutes les faiblesses de l'âme, pour ne pas dire à toutes les lâchetés de la pensée. Et lorsque seront venues les grandes luttes de la justice et de la vérité ; lorsqu'il aura été donné au mensonge et à l'iniquité de prévaloir au grand jour contre les augustes faiblesses de la sainteté et de la vérité désarmée ; vous le verrez, lui aussi, s'abaisser avec tant d'autres, qu'on eût pu croire si fiers, dans les plus honteux prosternements ; et il proclamera par les publiques humiliations d'une intelligence vendue au mensonge et vouée à l'iniquité, l'impuissance des hommes sans principes, incapables de trouver dans d'inébranlables convictions un indomptable courage et une invincible résistance.

II

Le vice radical que je viens de montrer dans l'éducation de l'intelligence, l'absence de principes, de convictions, de certitude, c'est dans nos sociétés nouvelles le vice de toute éducation qui n'ose pas être franchement chrétienne et catholique. En quelque situation que vous la considériez : au foyer, à l'école, au cours, elle n'a ni la parole de la foi, ni l'affirmation de l'autorité ; elle doute plutôt qu'elle n'affirme ; elle nie plutôt qu'elle n'enseigne ; et voilà pourquoi elle ébranle plus qu'elle n'affermit, et déracine plus qu'elle ne plante dans la vérité les jeunes intelligences. Suivez l'enfant dans les diverses phases de sa formation intellectuelle ; partout en dehors de l'éducation chrétienne sa vie manque de base, parce que son intelligence manque de point d'appui.

Entrez dans cette famille déshéritée de la foi, et où le rationalisme moderne a fixé sa demeure. La parole du Christ et le dogme catholique ne sont plus sous ce toit la règle infaillible de la pensée. Là le père et la mère ne parlent plus au nom d'une autorité reconnue incontestable ; la certitude ne descend plus de leurs lèvres dans l'âme de leurs enfants avec le verbe de la foi. Là, je le suppose, il y a une mère rationaliste, sceptique, esprit-fort ; mère sans foi, sans symbole et sans conviction. Voyez-la à l'œuvre, essayant de donner à la pensée naissante de son enfant une règle de croyance et un fondement de certitude : oh ! qu'elle est faible la femme esprit-fort pour cette œuvre difficile ! qu'elle est timide, incertaine, impuissante ! Je le crois bien : elle est seule ; seule avec Rousseau, seule avec Voltaire, ou seule entre les deux ; seule avec le génie libre-penseur dont elle subit l'empire, et dont elle est, quoi qu'elle fasse, la très-humble sujette. Que fera-t-elle avec sa pensée solitaire pour donner à cette jeune intelligence ce qu'il lui faut pour s'élever : un symbole, une croyance, une doctrine ? Comment exercera-t-elle dans l'enfant, sans faillir à sa mission, ce sacerdoce de l'âme, la plus belle fonction de la maternité au foyer domestique ? Comment sous l'influence d'une parole qui se défie d'elle-même, l'intelligence de l'enfant pourra-t-elle s'affermir? et comment la vérité y prendra-t-elle racine?

Mais laissons cet exemple que vous pourriez nommer une rare exception. Je le veux, la mère est chrétienne et catholique; elle parle comme l'Église et avec l'Église; elle affirme par le Verbe de Dieu la vérité divine ; elle révèle à l'enfant, le catéchisme à la main, tout le dogme catholique et tout le mystère chrétien : elle lui dit que Jésus-Christ n'est pas un homme seulement, mais qu'il est Dieu et qu'il faut l'adorer; elle lui dit que l'Église catholique n'est pas une institution humaine, mais une institution divine, que tout chrétien est obligé de croire à sa parole et d'observer ses lois; elle lui dit que Jésus-Christ est mort pour sauver l'humanité, et que l'Église est établie pour continuer sur la terre son œuvre régénératrice; elle lui dit qu'il y a un ciel pour les bons, un enfer pour les méchants; que le ciel appartient à ceux qui croient en Jésus-Christ et obéissent à son Église.

Ainsi dit la mère à l'enfant devant le père qui écoute; quel père? Un père qui a des sentiments religieux et point de religion; un père sceptique, déiste, panthéiste, humanitaire peut-être. Un jour l'enfant tout à coup interrompt sa mère : « Vous dites que Jésus-Christ est un Dieu et que je dois l'adorer ; hier j'ai vu sur la table de mon père un livre ; j'ai lu la page ouverte et le livre disait : » Jésus-Christ n'est qu'un » grand homme. » J'ai tourné la page, et j'ai lu : » Il n'y a pas d'enfer. » — Mais, dit la mère, ce que vous dites là c'est une impiété, un blasphème. — Demandons à mon père, reprend l'enfant : Ma mère dit que Jésus-Christ est Dieu ; votre livre dit qu'il n'est pas Dieu : est-ce que ma mère voudrait mentir ? — Mon enfant, reprend le père, vous n'avez pas encore dix ans ; les enfants de votre âge ne s'occupent pas de ces questions ; taisez-vous et continuez votre leçon. »

Ainsi, devant l'enseignement catholique de la mère le père rationaliste s'abstient, souvent il doute, quelquefois il nie : négation contenue par ce respect que toute paternité sait devoir à l'enfance, ou par cette légitime pudeur qu'elle se doit à elle-même ; mais négation trop réelle, qui bon gré mal gré se trahit dans les faits alors même qu'elle n'oserait se révéler dans les paroles. Entre cet enseignement de la mère et ce silence du père; entre l'affirmation sincère de l'une et la négation mal déguisée de l'autre, que deviendra l'intelligence de cet enfant? Entre ces deux paroles qui se contredisent et viennent au nom de l'amour réclamer l'empire de sa pensée, qu'adviendra-t-il de sa foi, de ses convictions, de ses principes?

Encore n'ai-je pas supposé la pire des situations. Des pères se rencontrent qui osent dénier à la mère le droit d'enseigner à l'enfant tout symbole que repousse leur pensée; ils avouent la prétention plus que despotique que la pensée de leur femme doit relever de leur pensée, et que l'intelligence de leurs enfants doit relever de l'une et de l'autre, à l'exclusion de toute autre autorité; ils blasphèment la religion qui impose à leur femme une doctrine qui n'est pas leur doctrine; et ils ne dissimulent pas l'ambition d'exercer seuls, en dehors du Christ et de l'Eglise, sur l'intelligence de leur femme et de leurs enfants, ce qu'ils nomment superbement la royauté de leur intelligence. Le droit de l'Eglise est pour eux une hypothèse, un non-sens, une usurpation. Qu'arrivera-t il si la mère, sous prétexte de réaliser dans la famille l'unité intellectuelle, consent à abdiquer sa plus précieuse liberté et sa plus légitime indépendance ? Si elle met l'opinion d'un homme au-dessus de la doctrine de l'Eglise, et l'autorité maritale plus haut que l'autorité catholique ? Comment aux leçons de ce père qui cherche, de ce père qui doute, de ce père qui nie, l'enfant trouvera-t-il une règle pour sa pensée et une base pour sa vie?

Mais je le veux bien supposer, le père n'a pas aspiré au souverain pontificat ; il a respecté dans sa femme et dans son enfant une doctrine qui n'a pas le suffrage de sa philosophie, et il a laissé parler à l'âme de l'enfant par la bouche de la mère une autorité qui n'est pour lui qu'un problème. De beaucoup de pères de ce temps c'est assurément ce que l'on peut espérer de mieux. Mais l'éducation n'est pas finie; l'enfant du foyer va passer à l'école, à l'école libre ou à l'école officielle ; la parole d'un *maître* y va succéder à la parole d'une mère : situation redoutable pour le cœur maternel et pour l'avenir de l'enfant. Le voilà à dix ans loin de son père et de sa mère, livré sans contrôle à la parole d'un étranger. Cet étranger est un honnête homme, mais un honnête homme que la vérité ne nous permet plus de nommer un chrétien. O maître! qui que vous soyez, je vous adjure de me répondre. Comment allez-vous faire pour toucher sans la blesser à cette jeune intelligence? Qui êtes-vous? Au nom de qui parlez-vous? quel est votre symbole et votre religion? Quelle est du moins votre doctrine? a quelle philosophie se rallie votre pensée? Et au point de vue où je vous considère, comment dois-je vous nommer? Spiritualiste? matérialiste? éclectiste? panthéiste? Vous allez enseigner; quel est votre maître? Est-ce Descartes ou Bacon? est-ce Rousseau ou Voltaire? est-ce Fourrier ou Saint-Simon? Et, entre toutes les écoles qui se partagent les lambeaux de leurs philosophies mises en pièces, quelle est votre préférence? Le savez-vous bien vous-même? et pourriez-vous en une heure donner à un enfant la formule abrégée de vos croyances certaines et de vos convictions définies? Non, mille fois non; vous n'avez pas de croyances, vous n'avez que des doutes; vous n'avez pas de doctrine, vous n'avez que des systèmes. Dès lors, je le demande, comment donner à cet enfant, tombé des bras de la maternité sur les bancs de votre école, des principes, des croyances, et avec les croyances et les principes les fondements de l'intelligence et la base de toute la vie? Comment, si vous savez ce que c'est que l'intelligence et la vérité, ne tremblez-vous pas à la pensée d'imposer à un enfant un enseignement qui ne relève que de vous et n'a d'autre sanction que votre propre pensée? De quel droit et avec quelle assurance lui donnerez-vous comme la vérité, une philosophie, un système, peut-être une utopie, une chimère, un rêve? Entre Aristote et Platon, entre Zénon et Epicure, qu'importe ici votre choix? D'où vous viendra la puissance d'imposer telles convictions et de fonder telles croyances, à vous qui ne redites pas avec l'Eglise la pensée même de Dieu, et dont la parole ne se donne plus pour un écho de ce Verbe qui illumine toute pensée? Ah! je vous entends : vous n'imposerez rien, vous ne définirez rien; instruit de tout ce que l'homme a pensé et de tout ce qu'il a dit, vous ferez devant l'intelligence qui a soif de vérité l'histoire de l'erreur; vous donnerez à cet enfant la notion de tout et la certitude de rien; vous aussi, au nom de la philosophie, vous ferez cette folie : vous sommerez un enfant de choisir sa doctrine, sa foi, sa religion et son Dieu, avec la chance pour lui presque certaine de n'avoir jamais dans sa vie, ni une doctrine, ni une foi, ni une religion, ni un Dieu : et ce sera là votre chef-œuvre! Qui ne sent ici la blessure profonde que doit recevoir l'âme de l'enfant par le scepticisme ou la négation qui se trahit dans la parole du maître, si elle ne s'est trahie déjà dans la parole du père?

Et, maintenant, que fera le *professeur* pour l'adolescent déjà affranchi de la discipline de l'école et de la dépendance du foyer? Allez de cours en cours et d'amphithéâtre en amphithéâtre; conduisez par la main votre fils de seize ans, pour trouver dans une parole un appui à cette âme qui va sentir passer les orages de la vie; ou plutôt, comme il arrive d'ordinaire, supposez-le seul dans l'atmosphère intellectuelle de nos grandes cités, allant entendre la parole des maîtres de la science. Je le vois d'ici au pied d'une chaire écoutant un homme qui parle : c'est Sophronius. Que dit Sophronius? Il dit que l'homme a une âme et que cette âme est immortelle; il dit qu'il y a une vérité, une justice, des devoirs ; il dit que le christianisme est la plus grande des religions, le Christ le plus grand révélateur, l'Église la plus magnifique des institutions. — « Mais, demande le jeune homme, le christianisme est-il divin? Jésus-Christ est-il Dieu? et sans accepter comme obligatoire la révélation du Christ et la loi de l'Église, puis-je atteindre ma fin? puis-je me reposer dans la paix de la vérité trouvée et de ma conscience satisfaite? — Jeune homme, dit Sophronius, ces questions sont graves; la philosophie n'a pas mission pour les résoudre : les uns affirment, les autres nient. Dieu vous a fait intelligent et libre ; entre la négation et l'affirmation c'est à vous de choisir. »

« Allons plus loin, dit le jeune homme; je veux entendre Rufus. » Rufus eut pour maître Sophronius ; mais il le dédaigne. Sophronius, dit-il, ne va pas assez loin. Rufus est jeune; il parle avec enthousiasme; il est tranchant, hardi, audacieux : il dit, lui, que l'Église est humaine; que Jésus-Christ est un homme, un sage, un réformateur. Le miracle, le surnaturel, le divin dans l'humanité, ce sont des mots, rien que des mots : la critique en dit le sens et en montre le vide. Il est vrai, de grands hommes disent le contraire : Augustin, Thomas d'Aquin, Bossuet, Fénelon, des millions de grandes intelligences se posent à l'encontre des oracles de Rufus; mais le monde a marché, et ces grands hommes devant Rufus sont devenus bien petits.

En entendant ces paroles le disciple éprouve un secret effroi; il cherche ses convictions, et déjà il ne se trouve que des doutes : il en faut sortir : « Allons entendre Albinus. » Lui, Albinus, c'est lui seul qu'il faut l'écouter; il apporte à l'humanité qui l'attendait le dernier mot de la science et de la destinée. Pour lui Rufus même est timide, il est inconséquent, il ne va pas jusqu'au bout. Que dit Albinus? Il dit que Dieu-esprit est un non-sens; il dit que le monde est éternel et la vérité éternellement variable. Dieu c'est la nature; Dieu c'est le grand tout :

Dieu c'est une force; Dieu c'est le magnétisme; Dieu c'est l'électricité; Dieu c'est la loi mathématique. Il s'en faut peu qu'Albinus n'ajoute : Dieu c'est le néant; Dieu c'est le mal. Pour lui le christianisme est fini; l'Église est finie; Dieu lui-même est fini : il n'y a plus que l'homme poursuivant sur la terre par sa propre énergie son progrès indéfini.

Que faire, à dix-huit ans, au milieu de ces affirmations timides et de ces négations hardies? Qu'importe maintenant pour le disciple incertain de tant d'opinions contradictoires, d'aller entendre encore et Lucius et Sempronius et Strigonius? Qu'aura gagné notre jeune sceptique, quand il se sera promené, à la façon des jeunes Grecs, du Portique au Lycée et du Lycée à l'Académie, pour écouter les unes après les autres toutes les éloquences, toutes les philosophies et toutes les utopies de la nouvelle Athènes? A quoi bon savoir au juste ce que pensent tous les Zénons, tous les Platons, tous les Aristotes, voire même tous les Pyrrhons et tous les Aristippes de notre temps? Au milieu de leurs divergences et de leurs divisions, ils ont tous un même langage également démenti par tous : « C'est moi qui ai raison ; la vérité c'est mon système. » Tous ces maîtres de la sagesse humaine usurpent le nom incommunicable du Verbe divin : *Ego sum Veritas*. Sous ce rapport ils sont toujours les mêmes dans leurs perpétuels changement. Tels qu'Hermias les trouvait aux premiers siècles chrétiens ; tels que Rousseau lui-même les trouvait au XVIIIe siècle, je les retrouve aujourd'hui, avec des systèmes toujours changeants et avec une prétention et une morgue qui ne changent jamais. Comme lui « je consulte nos « philosophes, je lis leurs livres, j'entends « leurs discours, j'examine leurs opinions ; et « je les trouve tous fiers, superbes, arrogants « et dogmatiques même dans leur scepticisme ; « n'ignorant rien, mais ne prouvant rien et se « moquant les uns des autres. » Et ce point commun à tous, au XIXe siècle comme au XVIIIe, me paraît être aussi « le seul sur lequel ils ont « tous raison. » Triomphants quand ils attaquent, faibles quand ils se défendent ; si je pèse leurs raisons (j'entends celles qui sont à eux et qu'ils ne nous ont pas prises), « ils n'en ont que pour « détruire ; ils ne s'accordent que pour disputer : »

et « si je compte les voix, chacun est réduit à la sienne. » Le nombre des philosophies est égal au nombre des philosophes ; et même, pour être tout à fait véridique, il faut ajouter qu'il le surpasse encore, attendu que le même philosophe change souvent sa philosophie sans prétendre changer lui-même : il y en a qui ont eu deux, trois, quatre, et jusqu'à cinq philosophies : ô miracle de l'esprit humain ! et c'est toujours la dernière venue qui a l'honneur réservé d'apporter au monde le secret de la vraie doctrine, jusqu'à ce qu'un autre système vienne demain détrôner le système de la veille, et ajouter une preuve de plus à l'impuissance de la philosophie pour fonder des croyances et donner une base à la vie.

Ah ! Messieurs, cette base nécessaire, sans laquelle la vie toujours incertaine et chancelante ne peut ni s'affermir ni s'élever, comment la trouver, je vous prie, sur cette terre du doute et de la négation, où le jeune homme à chaque pas sent que tout s'ébranle, tout se dérobe et manque à son intelligence ? Comment, à travers ces philosophies qui se pulvérisent les unes les autres, obscurcissant de leur poussière l'atmosphère des esprits, distinguera-t-il le pur soleil de la vérité? Sur cet amas de systèmes où les ruines s'accumulent sur les ruines et où les débris s'ajoutent aux débris, comment son intelligence poussera-t-elle ses racines? Comment la vie sera-t-elle fixée solide et ferme dans la région des principes, pour de là s'élever, croître, se fortifier et resplendir de toute sa beauté? Et lorsque viendront pour lui les orages de la vie; lorsque l'avénement des passions ténébreuses lui amèneront les heures si obscures même pour ceux dont la pensée a le mieux vu la lumière; quand les vents de l'erreur conspireront avec leur souffle orageux pour agiter son âme ballottée comme un frêle navire sur la cime des flots dans une double tourmente; que lui feront pour le guider dans la tempête quelques vérités incertaines et à peine entrevues : rares étoiles flottant derrière les nuages au fond d'un ciel sombre? Ah! votre pensée comme la mienne prophétise l'avenir de l'adolescent sans croyance et sans foi. Et quand, dans ce crépuscule du doute ou dans la nuit de l'ignorance, toutes ses vertus auront fait, comme tant d'autres, les grands naufrages de la vie, et que les ravages de ses passions auront au fond de son âme accumulé les ruines; comment ce disciple du rationalisme, comment ce fils du scepticisme se relèvera-t-il? Pour se relever de toute chute, il faut un point d'appui; et il n'a pas de point d'appui : son intelligence qui devait appuyer toute sa vie est elle-même une ruine, ruine première qui entraîne après elle tant d'autres écroulements. Je les ai vus, ces fils de l'éducation sceptique, disciples d'un rationalisme sans symbole et sans foi; ils n'avaient que trente ans, et ils semblaient ne plus vivre que pour montrer des ruines : ruines du cœur, ruines de la conscience, ruines de la volonté, ruines des sens; et au-dessous de toutes les autres, les grandes ruines de leur intelligence brisée par mille systèmes; et ils s'en allaient traînant leur cœur sans amour, leur volonté sans force, leur âme sans vertu, leur intelligence sans convictions, ne trouvant plus même dans un principe une espérance de résurrection! Voilà ce que fait notre siècle pour la formation des intelligences. Voilà, Messieurs, le résultat général que produit l'éducation sans dogmes et sans principes donnée aux générations nouvelles par le rationalisme contemporain. Hâtons-nous de chercher sur la terre chrétienne le sol ferme et fécond où l'intelligence peut pousser ses racines, trouver toute sa croissance, et atteindre dans la certitude et la vérité la plénitude de son développement.

III

L'éducation vraiment chrétienne et catholique fait pour l'intelligence de l'enfant le chef-d'œuvre que voici. Elle affirme avec le Verbe de Dieu toute la vérité qui importe à la destinée ; elle l'affirme avec une incomparable autorité ; et cette vérité si pleinement et si souverainement affirmée, elle se développe dans un progrès continu pour conduire l'intelligence à toute sa perfection.

Et d'abord, ce qui fait l'incontestable supériorité de toute éducation profondément catholique, c'est qu'elle seule donne aux intelligences d'inébranlables assises ; elle les enracine en Jésus-Christ ; elle les édifie sur ce fondement divin : *Radicati et superædi-*

ficati in ipso (1). Et ainsi appuyés sur le Christ et enracinés dans le Christ par leur intelligence, on peut dire des enfants qu'elle élève ce que saint Paul disait des chrétiens de Colosse : *In fide fundati, stabiles et immobiles* (2); appuyés sur la foi, c'est-à-dire sur le Verbe même de Dieu enseigné par l'Église, vous êtes fermes, vous êtes inébranlables : *stabiles et immobiles*.

Comment se posent au fond de l'âme humaine ces fondements de l'éducation chrétienne? et comment les intelligences trouvent-elles dans ce premier affermissement le principe de leur progrès et de leur perfection? Ce qui fait la perfection de l'intelligence, c'est son union avec l'intime et le principe des choses ; c'est là même qu'elle doit s'appuyer pour trouver son fondement, sa solidité, sa force. Or ce qui est au premier principe et au plus intime des choses, c'est le Verbe fait chair, le Verbe créateur et révélateur. C'est par lui que tout a été créé, *omnia per ipsum facta sunt* (3) ; en lui que tout

(1) Col. II, VII.
(2) Col. I, XXIII.
(3) Joan. I, III.

a été fondé, *in ipso condita sunt universa ;* en lui que tout se soutient, *et omnia in ipso constant* (1). Donc, appuyer l'intelligence sur le Verbe incarné, c'est l'appuyer sur le fond et sur le principe des choses, c'est-à-dire sur son propre fond et sur son propre principe ; c'est enchaîner la pensée de l'enfant à la pensée du Verbe ; c'est unir l'intelligence humaine à l'intelligence divine : c'est la fonder sur Dieu même.

Voilà ce qui distingue d'une manière éminente l'éducation de l'intelligence telle que la fait le christianisme et très-spécialement le catholicisme. Que cette éducation se fasse par la parole d'une mère ou par la parole d'un maître ; par la parole d'un laïque ou par la parole d'un prêtre, qu'importe ? Toujours elle a un même but et une même ambition. Quel qu'il soit, tout instituteur catholique, quand il vient toucher par sa parole à l'intelligence de l'enfant, peut et doit lui dire: « Cette doctrine n'est pas ma doctrine ; cette philosophie dont je t'apporte l'abrégé dans des mots aussi simples que

(1) Col. I, XVI.

sublimes, aussi courts que profonds, ce n'est ni le fruit de ma sagesse, ni le produit de mon génie : c'est le Christ, c'est le Verbe qui te parle ; c'est la Sagesse de Dieu qui te vient dans ma parole : *Christum Dei Sapientiam*. Cette philosophie, enfant, ne vient pas à toi comme un homme qui cherche la vérité : elle est la vérité trouvée ; vérité substantielle qui seule a pu dire d'elle-même : *Ego sum Veritas*. Cette philosophie ne discute pas, elle s'énonce ; elle se pose devant toi dans sa propre clarté ; elle ne vient pas à ton intelligence par les longs circuits des raisonnements humains ; elle ne t'arrive pas à travers ces ombres que la démonstration elle-même laisse sur son chemin : elle vient comme le rayon de soleil qui n'a pas besoin d'être éclairé, parce que c'est lui qui sert à tout éclairer ; elle est la lumière qui illumine tout homme venant en ce monde ; et, sans avoir besoin pour se faire connaître d'autre clarté que la sienne, elle te dit : Me voici. Cette philosophie ne t'apporte pas dans un système humain une portion de la vérité, elle t'apporte dans un abrégé divin toute la vérité : *Omnem veritatem* : elle ne met dans ton intelligence ni Aristote, ni Platon, ni Socrate, ni Zénon ; elle y met le Verbe, et avec lui et en lui le sommaire de toute philosophie humaine et de toute philosophie divine ; tout ce que la raison enseigne à l'humanité, et tout ce que la révélation enseigne à l'Eglise ; la sagesse totale se révélant à tout homme pour le conduire à la plénitude de sa perfection : *Docentes omnem hominem in omni sapientia, ut exhibeamus omnem hominem perfectum in Christo Jesu* (1). »

Ainsi voilà un enfant de douze ans formé aux enseignements de l'éducation catholique ; il n'a jamais raisonné, et il a le mot de toutes les énigmes qui tourmentent toute philosophie. Qu'est-ce que Dieu? il le sait. Qu'est-ce que l'âme? il le sait. D'où vient le monde? il le sait. Où va l'humanité? il le sait. Par où faut-il passer pour arriver au terme? il le sait. Qu'y a-t-il après cette vie? il le sait. Que faut-il faire pour conquérir la destinée? il le sait. L'Eglise devant cette jeune intelligence n'a pas même posé ces questions, elle a posé des affirmations :

(1) Col. I, XXVIII.

si elle adopte dans son catéchisme la forme de l'interrogation, c'est pour aider l'intelligence, jamais pour susciter le doute. Remuer des questions c'est faire vaciller la lumière ; donner des solutions c'est la montrer rayonnante : et c'est ce que fait l'Église par les lèvres d'une mère, d'un maître, d'un précepteur ; elle donne à l'enfant les solutions, toutes les solutions ; à la lettre, dans l'ordre des vérités qui touchent au principe, à la destinée et au gouvernement de la vie, l'enfant sait tout : il sait tout, disait ici même un illustre orateur, « avant d'avoir soupçonné ce que c'est que savoir. » Quiconque avec nous adore le Verbe de Dieu toujours vivant et parlant dans son Eglise, ne peut que se prosterner ici d'admiration. Quiconque même ne serait pas chrétien, ne pourrait méconnaître la grandeur de cette idée : mettre dans l'intelligence d'un enfant avec la parole du Christ la vérité, toute la vérité. École divine, où c'est la pensée de Dieu que l'on apprend dans une parole qui vient de Dieu, au nom d'une institution qui se proclame l'œuvre de Dieu pour donner à son enseignement l'autorité de l'affirmation de Dieu.

Et en effet, Messieurs, cet enseignement qui affirme la vérité, il se fait, comme il doit se faire, avec une autorité à laquelle rien ne se peut comparer sur la terre, humaine dans ses apparences, divine dans son fond. Il est vrai, le père, le maître, le professeur qui formulent devant l'enfant le dogme catholique, ne sont que des hommes, faillibles comme tous les hommes; et le père qui donne à l'enfant, dans une parole pleine de tendresse et d'amour, la révélation totale du mystère chrétien, n'est peut-être qu'un paysan, un ouvrier, et comme tel étranger à tous les systèmes et à toutes les philosophies. Vous direz : Comment dès lors, l'enfant peut-il croire à la parole du père? Vous le demandez? Quoi! vous ne voyez pas sous quelle sauvegarde incomparable ce père abrite sa parole? Derrière le père vous ne voyez pas le pasteur, tous les pasteurs de la catholicité? Derrière le pasteur vous ne voyez pas l'évêque, tous les évêques de la catholicité? Et derrière l'évêque vous ne voyez pas le Pontife suprême, le Père de la catholicité? Et derrière le Pontife, vous ne découvrez pas Jésus-Christ qui l'enseigne? Vous n'entendez pas retentissant dans sa parole ce Verbe divin dont il est la plus grande voix, et dont tous les enseignements de la catholicité ne sont que les échos répétés, de siècle en siècle et d'espace en espace, à tous les degrés de la hiérarchie sociale par tous les représentants de la hiérarchie catholique ?

Ah! Messieurs, lorsque, pour la première fois votre père, instruit lui-même à l'école de Jésus-Christ, se penchait à votre oreille pour vous révéler ce Christ qui l'avait enseigné lui-même; lorsque, formulant devant vous les vérités qu'il faut croire, il vous apprenait à les formuler et à les croire avec lui : si, par supposition, doués d'une raison précoce, avides de vous rendre compte de ce qu'on ne faisait qu'affirmer, vous aviez pris la parole; et si vous aviez adressé à votre père à peu près ce discours : « Mon père, je veux bien croire ce que « vous me dites être la vérité; mais comment « puis-je m'assurer que c'est la vérité ? Vous « m'affirmez qu'il y a un Dieu ; qu'il y a trois « personnes en Dieu : je n'ai pas vu Dieu, et « je ne puis comprendre que trois personnes ne « forment qu'un seul Dieu. Vous dites que Dieu

« a créé le monde et moi-même ; que j'ai une « âme ; que cet âme est immortelle ; que pour « la sauver le Fils de Dieu s'est fait homme et « qu'il est mort sur la croix. Ce que vous dites-« là, mon père, est bien étrange ; je voudrais « m'en assurer. Comment puis-je vous croire ? « vous n'avez pas consulté les oracles de la « science. Mon cœur me dit que je puis comp-« ter sur l'indéfectibilité de votre amour ; mais « ma raison ne me dit pas que je puis comp-« ter sur l'infaillibilité de votre parole. Pour « affirmer avec vous il me faut voir ou croire : « voir ce que me découvre l'évidence ou « croire ce que m'affirme l'autorité. Je n'ai « pas l'évidence, quelle est votre autorité ? »

A ce discours de l'enfant raisonneur, voici ce que pourrait répondre le père catholique : « Il est vrai, mon enfant, je ne suis qu'un homme simple et qu'un esprit vulgaire ; je n'ai pas creusé le mystère des choses ; je n'ai pas interrogé la science ; l'eussé-je fait, que ma parole encore pourrait faillir, et trahir en même temps la vérité et toi. Si j'étais seul, si je n'avais pour appuyer mes affirmations que le poids de mon autorité, non jamais je n'oserais articuler devant toi ce dogme décisif qui résout en quelques mots tous les problèmes de la destinée. Mais, mon fils, ne crains rien : ton père qui te parle n'est pas seul pour t'affirmer la vérité ; pour soutenir sa parole, il y a des millions de paroles ; pour appuyer mon affirmation, il y a des millions d'affirmations. Tu veux savoir, mon fils, quelle est mon autorité. Écoute, je vais te le dire : j'affirme avec deux cent mille prêtres et deux cents millions de catholiques, multipliés par toutes les générations qui ont passé sur la terre à travers deux mille ans ; j'affirme avec quatorze millions de martyrs ; j'affirme avec plus de vingt millions d'apôtres ; j'affirme avec plus de cent millions de vierges, de confesseurs et de saints ; j'affirme avec des légions innombrables de philosophes, de théologiens, de docteurs, d'orateurs, d'écrivains, de savants et d'érudits, qui tous se sont rencontrés et se rencontrent encore pour affirmer par leur parole les vérités que j'apporte dans la mienne ; oui, j'affirme avec la science, avec le génie, avec l'éloquence, avec la vertu, avec la sainteté, avec l'héroïsme ; j'affirme avec tous les Chrysostomes, tous les

Augustins, tous les Jérômes, tous les Ambroises, tous les Bonaventures, tous les Anselmes, tous les Thomas d'Aquin, tous les Bossuets et tous les Fénelons qui, depuis bientôt vingt siècles, se succèdent dans la catholicité ; j'affirme avec la durée et j'affirme avec l'espace ; j'affirme avec le temps et j'affirme avec l'éternité ; j'affirme avec la terre et j'affirme avec le ciel ; j'affirme avec les hommes et j'affirme avec Dieu. Oui, mon fils, avec Dieu : car, vois-tu, ce Verbe que je t'enseigne, il est sorti du sein de Dieu ; Dieu lui-même, il s'est posé dans son Église pour y vivre et enseigner toutes les intelligences : et voilà que par la voix du Pontife qui est à Rome, et par la voix de l'évêque qui redit la parole du Pontife, et par la voix du pasteur qui redit la parole de l'évêque, de degrés en degrés et d'échos en échos, le Verbe éternel vient retentir dans ta jeune intelligence. Il faut croire, mon fils, à la parole de Dieu qui te vient par mes lèvres de la plus grande autorité qu'on ait jamais vue sur la terre! »

Mais, Messieurs, je crois entendre ici l'objection qui se formule au fond de votre pensée.

Vous dites : qu'importe à l'enfant cette doctrine et cette autorité? Comment peut-il raisonnablement admettre et l'enseignement de cette doctrine dont il n'a pas l'intelligence, et le témoignage de cette autorité dont il ne se rend pas compte? Il croit sans comprendre la première et sans juger la seconde : dès lors, comment sur une base acceptée sans raison l'être raisonnable pourra-t-il s'élever?

Oui, Messieurs, l'enfant tout d'abord croit sans comprendre; il accepte sans se rendre compte; et quoi que vous fassiez, vous ne changerez pas cette nécessité de sa nature. C'est le besoin de sa vie intellectuelle, morale et religieuse; il faut qu'il reçoive par une vérité qui se donne et par une autorité qui s'affirme, les éléments de la vie, la base de la vie, le point de départ de la vie. Mais suivez jusqu'au bout le travail de Dieu, contemplez tout entière l'harmonie de son ouvrage; vous allez voir comment cet assentiment donné d'abord à l'affirmation de l'autorité et à la vérité énoncée par elle, s'éclaire peu à peu dans une clarté toujours croissante, et arrive à se reconnaître lui-même éminemment raisonnable.

Cette docile acceptation de la vérité et de l'autorité par l'enfant va s'illuminant à mesure qu'il grandit, de tout le progrès de sa raison naissante ; et il se fait dans cette intelligence, où la vérité fut semée pour ainsi dire dans l'ombre, comme une aurore progressive qui lui découvre dans la lumière la vérité et l'autorité acceptées sur parole. Ou plutôt dans cette jeune âme qui a reçu le don d'une double vie, il y aura deux aurores qui se répondront l'une à l'autre, en multipliant leurs mutuelles clartés : l'aurore des vérités naturelles et l'aurore des vérités surnaturelles.

A mesure que l'enfant grandit et que sa raison se fortifie, l'ordre et l'harmonie des vérités naturelles semées dans le fond de son intelligence par le Verbe créateur et développées par la parole sociale, s'illumine pour lui de plus en plus : sa parole intérieure répond à la parole extérieure ; et il s'aperçoit que les voix qui retentissent au dehors, sont comme des échos de la voix qui lui parle au dedans. Ce qu'il n'avait fait qu'affirmer, il le conçoit et le raisonne ; et, sans jamais l'avoir mis en doute, il arrive à se le démontrer. Mais le raisonnement n'est pas en lui le point de départ, il est une marche en avant dans le monde intelligible ; il n'est pas la base de l'édifice, il en est le couronnement ; et ce couronnement sera d'autant plus haut et d'autant plus splendide, que la base aura plongé plus avant dans le fond immuable des principes.

Et ce qui s'accomplit pour l'enfant dans l'ordre des vérités naturelles, s'accomplit aussi dans l'ordre des vérités surnaturelles déposées dans son âme par le Verbe révélateur. La semence divine de ces vérités y fut jetée par le baptême, et elle y demeure comme le grain dans la terre. Il y a une lumière latente qui précède dans le jeune baptisé l'usage même de sa raison. Et lorsque l'Eglise catholique vient affirmer au dehors le dogme révélé ; lorsqu'elle vient dire à un enfant de sept ans : « Il y a trois personnes en Dieu ; » le verbe du dedans ici encore répond au verbe du dehors, et la lumière reconnaît la lumière : l'intelligence de l'enfant inclinée par une action directe de la grâce, et éclairée par une illumination intérieure du Verbe, adhère à la parole de l'Eglise qui lui fait entendre extérieurement le Verbe de la foi : car la foi vient de l'ouïe, et l'ouïe par la parole de Dieu : *Fides ex auditu, auditus autem per verbum Dei.* Dans cette sphère supérieure, tout se passe à peu près comme dans l'ordre naturel ; tout commence par l'affirmation absolue et par le dogme défini, non pour s'immobiliser et se pétrifier dans un enfant, mais pour se développer avec l'âge par une connaissance progressive. Non, ne le croyez pas, ces principes de la raison et ces dogmes de la révélation déposés dans une jeune âme par la parole du père et par la parole de l'Eglise n'y demeurent pas toute la vie sans clarté, comme des statues debout dans les ténèbres. A mesure que l'enfant s'élève, la lumière par un progrès insensible, mais réel, éclaire mieux pour lui ces deux mondes de la pensée ; elle lui en découvre les cimes, les fondements, les rapports. Ces vérités qu'il a crues sans les comprendre et sans même savoir ce que c'était que croire ni comprendre, il en découvre la convenance, l'ordre, la beauté, la fécondité. Il ne croit plus seulement, il voit qu'il a raison de croire ; le monde de la foi lui apparaît rayonnant des clartés mêmes de la raison ; et à son tour le monde des vérités rationnelles se couvre des reflets de cet astre divin qu'on appelle la foi. Ce que la raison enseigne lui apparait plus raisonnable ; et la raison elle-même lui découvrant au flambeau de l'histoire les fondements de ce monde supérieur à la raison, confirme sa foi et par tout ce qu'elle lui montre et par tout ce qu'elle lui cache.

Ainsi se développe l'intelligence de l'enfant et dans l'ordre naturel et dans l'ordre surnaturel : d'un côté comme de l'autre, si rien ne vient arrêter la marche de la vie, il y a une croissance parallèle et un progrès continu. Cherchez dans cette croissance une solution de continuité, vous ne la trouverez pas ; cherchez dans ce progrès une rupture, il n'y en a pas. L'enfant a toujours cru, jamais douté ; il a toujours affirmé, jamais nié : mais chaque heure du temps, chaque mouvement de sa vie, chaque regard jeté sur Dieu, sur le monde et sur lui-même, lui montre de plus en plus les motifs et la raison de sa croyance ; et son intelligence qui naquit dans l'ombre enveloppée des langes de la foi, se baigne avec joie dans sa propre lumière et rayonne de tout son éclat ; pareille à un soleil dont la lumière va croissant toujours, jusqu'à ce qu'arrivé à sa hauteur il éclate dans toute la splendeur de son midi.

C'est alors que le chrétien connaît non plus seulement la joie, mais l'enthousiasme de la vérité : la vérité le convie à ses fêtes, elle lui dresse au fond de son âme, toute pleine des illuminations du Verbe, d'angéliques festins ; elle le plonge en ses profondeurs béatifiques, et lui donne dans les torrents de sa lumière des enivrements sacrés. Enfants d'un siècle de scepticisme, naufragés de la foi, ah ! vous ne connaissez plus ces pures joies que la vérité versée dans une âme humaine par une autorité divine donne à une intelligence, à l'heure de son complet épanouissement, alors que l'effusion de ses parfums est égale à la splendeur de ses rayonnements. Grâce à ce mouvement de retour qui ramène aujourd'hui à Jésus-Christ les plus grands cœurs et les plus hautes intelligences, beaucoup parmi vous ont connu le bonheur de recueillir dans la paix les débris de leurs croyances dispersées par l'orage ; mais pour la plupart, vous n'avez pas connu dans sa plénitude ce bonheur d'une foi toujours plus ferme, toujours plus raisonnable et toujours plus rayonnante : bonheur incomparable de la vérité reçue dans la simplicité, et plus tard illuminée de science, d'évidence et de raison. Moi, je l'ai connu, et mon âme éprouve le besoin de dire ici à la vôtre le bienfait des hommes et de Dieu. O bonheur sans égal de la foi donnée par l'éducation catholique, agrandie dans un progrès continu à travers toutes les épreuves de la vie ; non, je ne vous oublierai jamais! Dans cet éclat surabondant qui environnait ma foi, toujours plus pure et toujours plus radieuse, j'ai connu au plus intime de mon âme ces joies de la vérité, qui ne peuvent être surpassées que par cet éternel face à face qui sera le bonheur de la patrie. O Dieu! combien de fois, dans le silence du recueillement, seul à seul avec la vérité, c'est-à-dire avec vous-même, inondé des clartés de cette foi que mon âme naïve avait reçue des lèvres d'une mère qui ne savait que croire en votre parole ; combien de fois, la joie au cœur et des larmes dans mes yeux, je me suis écrié : O mon Dieu, soyez béni d'avoir révélé votre Verbe à ma première enfance ! O divine religion, ô Église ma mère, véritable institutrice des intelligences, si les hommes vous connaissaient ! s'ils savaient ce bonheur de croire dès l'enfance avec une lumière et une sérénité toujours croissante, ah ! ils souhaiteraient ce que mon cœur de frère et mon âme d'apôtre souhaitent à tous les enfants : trouver en Jésus-Christ révélé par l'éducation chrétienne les vraies joies de la pensée et les vrais progrès de l'intelligence !

TROISIÈME CONFÉRENCE

TROISIÈME CONFÉRENCE

LE PROGRÈS DANS L'ÉDUCATION

PAR L'AMOUR CHRÉTIEN

MESSIEURS,

Le christianisme complet ou le catholicisme pose dans l'âme humaine la vraie base de l'éducation de l'homme, parce que seul il justifie les vraies conditions de la formation et du progrès de l'intelligence. L'intelligence est le support et le soutien de toute la vie : or ce qui soutient et porte l'intelligence elle-même, ce sont les principes fixés dans l'âme de l'enfant par l'affirmation de l'autorité. En dehors de la méthode affirmative posant d'autorité avec les dogmes et les principes les vrais fondements de la vie, il n'y a que deux méthodes imaginables, l'abstention de tout enseignement, ou la discussion de ce que l'on enseigne : la première est le nihilisme, la seconde le scepticisme intellectuel ; l'une et l'autre la suppression de toute base de la vie. Cette absence de principes et de convictions qui sont les vraies racines de l'intelligence est le vice radical de toute éducation qui n'ose pas être franchement chrétienne et catholique ; à quelque phase qu'on la considère, un même défaut l'atteint, le déracinement de l'intelligence et par suite l'affaiblissement de toute la vie. Le catholicisme au contraire fait ici avec une simplicité divine le vrai chef-d'œuvre de l'éducation humaine. Il dépose dans l'intelligence de l'enfant avec le Verbe de Dieu toute la vérité qui importe à la destinée. Cette vérité totale il l'affirme avec une autorité digne d'elle, c'est-à-dire avec une autorité divine ; et cette vérité divine si divinement affirmée s'illumine peu à peu et se développe, avec le progrès de l'âge, pour conduire l'intelligence à toute sa perfection.

En ramenant à ces premiers éléments la formation de l'intelligence, je n'entends nullement nier l'importance et la dignité de la science. J'espère montrer un jour ce que le catholicisme fait pour le progrès scientifique de l'humanité. J'ai voulu seulement signaler la méprise plus grave qu'on ne peut dire, qui confond le développement accessoire de l'intelligence avec ce développement substantiel sans lequel l'enfant ne peut devenir un homme : erreur profonde qui porte aux intelligences même les plus hautes d'irrémédiables blessures, et qui nous donne aujourd'hui, jusque dans la splendeur de la science et de la littérature, le spectacle de défaillances intellectuelles que l'Europe chrétienne n'avait pas encore vues. A quoi tiennent, pensez-vous, les faciles triomphes que le mensonge se fait aujourd'hui sur l'humaine pensée ? D'où viennent à l'erreur contemporaine ces victoires sans combat qui humilient devant la gloire du faux la noblesse des âmes et la dignité des intelligences? Je veux bien l'avouer, ces phénomènes de notre monde intellectuel et moral ont plusieurs causes ; mais la grande cause, la voici : les intelligences sont sans racines dans la vérité; elles sont sans racines, parce qu'elles sont sans principes; et elles sont sans principes, parce qu'elles n'ont pas reçu la vérité d'une autorité aussi incapable de douter de sa parole que de douter d'elle-même; et cette absence de l'affirmation absolue de la vérité dans l'éducation laisse l'intelligence sans point d'appui, et la vie sans fondement. Allez, interrogez les hommes qui n'ont pas reçu, jeunes encore, la pleine affirmation de la vérité morale et religieuse, et qui depuis ne sont pas redevenus chrétiens : quel est leur symbole? quelle est leur foi? quels sont leurs principes? que croient-ils à l'heure qu'il est d'une robuste et inébranlable foi? que savent-ils même dans l'ordre moral et religieux d'une invincible certitude? que feraient-ils demain pour la gloire de leur foi religieuse, pour le triomphe de leurs convictions sincères? Rien, peut-être, si ce n'est des concessions, pour ne pas dire des lâchetés. Nous recueillons ce que nous avons semé : nous avons semé le doute, nous recueillons l'impuissance. Donc, si nous voulons relever l'humanité, replaçons l'intelligence sur son vrai fondement, c'est-à-dire sur le Verbe de Dieu, la lumière, la vie et le progrès de toute intelligence humaine.

Mais, Messieurs, la formation de l'intelligence humaine n'est pas toute l'éducation de l'homme, elle n'en est que le commencement. Nous avons pris d'abord l'éducation par sa base; nous allons aujourd'hui la prendre par son centre. La première fonction de tout instituteur de l'enfance est d'apprendre à croire; la seconde est d'apprendre à aimer. Comme il manque toujours quelque chose à l'intelligence qui n'a pas grandi dans la foi, toujours aussi il manque quelque chose au cœur qui ne fut pas formé dans l'amour. L'amour dans celui qui élève et dans celui qui est élevé peut seul satisfaire aux vraies conditions de l'éducation du cœur; et seul, le christianisme peut créer l'amour capable de remplir ces conditions. C'est tout mon sujet. La chasteté du mot *amour* que ce sujet m'impose, est assez sauvegardée par le fond de mon discours, pour que vous me permettiez de le redire souvent; jamais ce mot ne put avoir pour vos âmes un sens plus pur et plus digne de lui.

I

Avant de montrer comment l'amour seul peut satisfaire aux vraies conditions de l'éducation de l'homme, considérons d'une manière plus générale le développement de la vie humaine, à son premier point de départ, en son premier milieu et dans sa première fin ; et vous allez voir que l'amour s'y révèle partout comme la suprême loi de l'éducation, parce qu'il apparaît partout comme la suprême loi de la vie.

Ainsi que les fleurs, la vie humaine, la plus belle fleur que Dieu sème sur la terre, s'épanouit tout d'abord à partir de son centre. Voyez cette fleur qui se tourne aux premiers rayons du soleil pour boire sa lumière et aspirer sa chaleur : elle ouvre ses feuilles qui s'épandent au dehors comme par une irradiation spontanée dont le foyer apparaît plein de couleurs au fond de sa corolle, c'est-à-dire au centre même de sa vie. Ainsi se fait, sauf les conditions de liberté, la première éducation d'un homme : tel est le sens radical de ce mot *éducation ;* c'est une évolution naturelle, un mouvement natif de la vie se déployant elle-même du dedans au dehors, du centre à la sphère pour montrer sa beauté, répandre son parfum, et plus tard donner sa semence et son fruit.

Or, le point central d'où rayonne toute la vie humaine, c'est le cœur. Le cœur est le centre de la vie. C'est par là que la vie aspire et respire, attire et repousse, se condense et se dilate, se concentre et se déploie ; c'est, en un mot, par ce centre d'amour que la vie humaine non encore éclose tend à s'ouvrir, à s'épanouir, à faire, dans le sens le plus rigoureux, son éducation première. Voilà pourquoi aimer est le premier besoin de notre vie, et pourquoi l'homme à son aurore invoque, même sans le savoir, le premier développement de sa vie essentielle. Une voix mystérieuse, alors même que la pensée ne peut encore ouvrir ses lèvres, dit déjà au fond de son cœur d'enfant la parole qui est sa première et sa dernière parole : « J'aime, et je veux aimer toujours davantage. » Comme l'aquilon souffle dans la plaine ; comme la flamme brûle au foyer ; comme l'aigle vole sur la montagne ; comme le fleuve coule au fond de la vallée ; comme la séve circule; comme la fontaine jaillit; comme la poitrine respire : ainsi mon cœur aimait à son aube première ; chacune de ses respirations était la révélation de cet invincible besoin, qui déjà me disait alors ce qu'il m'a toujours dit depuis avec une voix grandissant avec ma vie : *Je veux aimer :* l'amour est mon besoin ; l'amour est ma loi; l'amour est ma vocation ; l'amour est mon élément ; l'amour est tout mon mouvement ; l'amour est toute ma vie.

Dès lors comment comprendre que l'éducation de cette vie, dont la première aspiration est une aspiration d'amour, se fasse autrement que par l'amour et dans l'amour ? Que deviendra ce cœur, si les premiers souffles qu'il sent passer sur lui ne sont pas des souffles d'amour ? si, jeune encore, il ne s'émeut sous son haleine, comme la jeune fleur tressaille au passage de la brise ? Que va-t-il advenir de cette vie d'enfant, mille fois plus délicate que la plus délicate des sensitives, si elle trouve dans tout ce qui l'approche et la touche une antipathie profonde ? Et, pour parler sans figure, que deviendra l'enfant affamé d'amour, s'il n'aime et ne se sent aimé ?

Aussi Dieu y a pourvu : cette vie qui s'ouvre d'elle-même par son centre pour aspirer l'amour, elle le rencontre autour de son berceau. Là, dans une douce et chaude atmosphère où respirent des cœurs qui s'aiment, doit se développer cette vie humaine toute faite pour aimer. Le cœur de l'enfant est le point vivant où l'amour du père et l'amour de la mère se rencontrent comme deux rayons à un même foyer : sous ces deux rayons multipliant l'un par l'autre leur mutuelle chaleur, la vie de l'enfant trouve son premier épanouissement. Plus tard, s'il le faut, l'éducation pourra se continuer et s'achever ailleurs ; mais, selon l'ordre établi par la Providence, c'est entre le cœur du père et le cœur de la mère qu'elle doit avoir son commencement. Un jour peut-être un homme ou une femme devra se substituer à la paternité et à la maternité pour l'éducation de l'enfant ; mais toujours à une condition dont rien ne peut dispenser, à la condition de représenter à la fois l'une et l'autre, et d'offrir encore à l'enfant en dehors de la famille ce qu'il a connu dans la famille.

Or, que connaît d'abord l'enfant dans la famille? l'amour. Que connaît-il ensuite? l'amour. Que connaît-il encore? l'amour. Quels sont ses premiers regards? des regards d'amour. Quels sont ses premiers sourires? des sourires d'amour. Quelles sont ses premières paroles? des paroles d'amour. Quels sont ses premiers contacts? Ah! vous le savez bien, les tendres et suaves contacts d'un amour qui a le secret de le toucher sans le blesser jamais. Qui sait apaiser ses douleurs? qui sait sécher ses larmes? qui sait veiller sur son sommeil? qui sait suivre tous ses mouvements? qui s'inquiète, qui s'attriste, qui se fatigue pour lui? qui lui fait sentir à toute heure de chaque jour le souffle de sa respiration, les tendresses de son cœur, les caresses de ses mains, les baisers de ses lèvres, les tressaillements de sa vie? Qui? Ah! pourquoi le demander? Qui n'a vu une mère penchée sur un berceau? qui n'a vu un enfant dans les bras d'une mère? qui n'a relu sur ce livre toujours ouvert dans l'humanité l'histoire de sa vie naissante? Et, même au sommet des jours, qu'il fait bon de retremper son cœur dans la fraîcheur de ces souvenirs; et de retrouver là, dans sa vérité naïve, la révélation toujours nouvelle de cette grande loi de notre éducation! Qu'il est doux, dans la lumière réfléchie par une longue expérience, de comprendre, sans le pouvoir sentir encore, ce que jeune nous avons senti sans le pouvoir comprendre; à savoir que l'amour fut au foyer domestique la première initiation, le premier apprentissage, en un mot, la première éducation de notre vie!

Et maintenant, quelle est la première fin de cette éducation qui a au cœur son premier point de départ, et au foyer son premier épanouissement? L'éducation a pour résultat immédiat d'initier l'homme à la société; elle est l'apprentissage de la vie sociale. Elle doit donc avant tout développer dans l'enfant ce que j'appelle ici, à défaut d'un mot mieux fait, la vraie *sociabilité;* la sociabilité, c'est-à-dire l'aptitude à la vie sociale; le besoin de la communication; la facilité à sortir de soi pour entrer avec les autres dans des rapports fraternels; la sociabilité, ce penchant à faire du bien et à provoquer par la bonté les réactions de la bienveillance ; ce je ne sais quoi d'exquis, de doux et de délicat qui sort spontanément d'un homme bien élevé, comme le rayonnement d'un cœur aimant, et qui empêche qu'en le voyant on ne puisse songer à l'égoïsme. Il est manifeste, en effet, que si l'éducation est une œuvre d'amour, son premier résultat est de chasser l'égoïsme qui la tue. L'égoïsme est barbare ; il est la mort de la sociabilité et même de la politesse : car la vraie politesse est l'émanation naturelle de la bonté. La bonté peut manquer aux formes et à ce qu'on appelle le convenu de la politesse humaine ; elle ne manque jamais à cette politesse essentielle qui laisse le cœur sans froissement, et qui fait qu'après avoir approché d'un homme, on est content de soi encore plus que de lui. Soyez bons, et vous serez sociables ; soyez bons, et vous serez polis : aimez toujours, et vous accomplirez toute la loi de la société humaine, comme toute la loi de la société chrétienne : car si la justice est le gouvernement de la société, l'amour en est le ciment, le charme, le bonheur. Contracter dès l'âge le plus tendre ce penchant heureux à sortir de soi-même pour s'occuper des autres ;

porter partout avec la force, qui est le signe de l'homme, cette émanation de la bonté sortant du cœur pour se répandre comme un parfum du vase qui le renferme : tel est l'idéal de la vraie sociabilité ; tel par conséquent, l'idéal de l'éducation qui prépare et initie l'homme à la vie sociale. Or, pour que l'éducation obtienne ce résultat, et pour que l'enfant soit prêt un jour à réaliser cet idéal, une condition est nécessaire : grandir dans l'amour. A force de sentir son rayonnement fécond et doux, l'enfant se tourne comme naturellement à aimer ; il en prend l'habitude et en contracte le besoin. Cette préparation à la vie sociale par l'éducation de l'amour varie avec les phases mêmes de cette vie qu'on élève ; plus tendre dans la première enfance, plus forte dans la seconde ; mais à aucune de ses phases elle ne doit être absente : car l'enfant a toujours besoin d'affection ; et son éducation jusqu'à la fin doit réaliser sous des formes diverses cette loi souveraine de sa vie et de son éducation : apprendre à aimer.

Ainsi, vous le voyez, la vie de l'enfant considérée à ces trois phases principales, à son premier point de départ, dans le premier milieu où elle se développe, et dans le premier terme où elle doit aboutir, vous apparaît partout gouvernée par la loi d'amour ; et partout demandant l'amour pour compléter son éducation.

Et en effet, si vous considérez maintenant de plus près cette éducation avec les conditions qu'elle exige, vous allez voir que l'amour seul peut satisfaire à ces conditions; et que pour en résoudre le difficile problème et la rendre parfaite, il faut y apporter perpétuellement un ministère d'amour.

Que doit produire l'éducation dans un enfant? Qu'elle soit faite par une mère ou qu'elle soit faite par un maître, il faut tout d'abord qu'elle l'attache à elle-même, en faisant naître dans son cœur des sympathies profondes pour tout ce qu'elle lui communique, pour les traditions, pour les mœurs, pour les vertus, pour les institutions, pour toutes les choses légitimes et saintes qu'elle fait pratiquer ; mais par-dessus tout, l'éducation doit attacher l'âme par les liens les plus forts aux vérités et aux doctrines dont l'enseignement forme le fond de la vie intellectuelle, morale, religieuse et sociale. J'ai montré la nécessité dans l'éducation de donner une base à la vie par l'enseignement doctrinal. Mais si l'autorité par la parole peut fixer la vie dans la doctrine, il n'y a que l'amour pour l'y attacher. Telle est la vie humaine ; elle ne tient fortement aux vérités reçues dans la parole, et les vérités ne s'attachent fortement à elle, que quand le cœur les a saisies par des affections sincères, c'est-à-dire quand il a pu aimer ce que l'autorité a fait croire.

Or, pour obtenir ce résultat absolument nécessaire, pour enlacer la vie par ses premières affections autour de ces vérités qu'on donne pour base à la vie, il n'y a rien de plus suavement fort qu'un maître aimant son élève, et lui-même sachant s'en faire aimer comme un père et comme une mère. Dans la famille, l'amour naïf que l'enfant a pour sa mère l'attache par ses affections à tout ce qui lui vient d'elle. Voilà pourquoi il nous est si difficile d'apostasier tout à fait la religion que nous apprit une mère. Ce n'est pas sans de longs et douloureux efforts contre son propre cœur qu'on arrive à renier totalement et pour toujours la doctrine qui descendit sur nous des lèvres de notre mère pour être la première vie de notre âme, tandis que le lait coula de son sein pour être le premier aliment de notre corps. C'est que nous aimons la vérité et la religion dans ce cœur d'où tout nous est venu avec l'amour. Et même après un long oubli des devoirs que cette religion prescrit; lorsque cette végétation malfaisante, qui est le fruit des passions, semble l'avoir étouffée tout entière; un jour l'homme la retrouve vivante encore au fond de son cœur, comme le plus indestructible élément de son filial amour, et comme le plus impérissable souvenir du bonheur de son enfance.

Ainsi en doit-il être, même au pensionnat, même au collége, foyer agrandi où une plus grande famille s'assemble pour recevoir, là aussi, la vérité et la religion dans la parole d'un paternel ou d'un maternel amour. Un maître que l'on aime persuade tout ce qu'il dit, sans effort de démonstration; la persuasion descend de ses lèvres dans l'âme des enfants avec l'affirmation, parce que la vérité n'est jamais dans sa parole séparée de l'amour. Grand et doux secret de l'éducation, de savoir donner avec la connaissance l'amour de ce qu'on enseigne. Le soleil donne la chaleur en versant sa lumière ; il illumine et féconde la nature. Le seul enseignement digne d'illuminer et de féconder l'homme est celui qui donne l'amour avec la vérité. C'est le secret de Dieu lui-même de se faire aimer en se faisant connaître ; et il ne le fait jamais mieux que quand il vient à nous dans une parole aimée. Il n'est pas jusqu'aux lettres et aux sciences qui ne reçoivent de l'amour qui les enseigne un charme qu'elles n'auraient pas sans lui. On a vu des élèves puiser dans l'affection d'un maître cordialement aimé une séduction heureuse qui les attachait aux lettres en les attachant à lui ; tant un homme que nous aimons a pour nous faire aimer tout ce qui nous vient de lui une merveilleuse puissance. Que le maître, dit un poëte, évite par-dessus tout d'être haï de son élève, de peur que cette haine ne s'attache aux Muses elles-mêmes. Il faut, disait un rhéteur célèbre de l'antiquité, que le disciple aime son maître comme le père de son âme ; c'est pour l'étude elle-même un immense secours. Enfin cet homme qui a si étrangement méconnu au dernier siècle la véritable formation de l'homme, n'a pu méconnaître la puissance incomparable d'une éducation où le cœur fut touché ; car je crois qu'il a écrit quelque part la pensée que voici : « J'ai le bonheur d'éprouver que quelque penchant que l'on ait pour le vice, il est difficile qu'une éducation dont le cœur s'est mêlé soit perdue pour toujours. » Oh ! non, elle n'est pas perdue pour toujours ; car elle enracine l'âme, le cœur et la vie tout entière dans toutes les saintes choses qu'elle a su faire aimer. Alors que les jours, en nous portant vers le déclin de la vie, l'ont éloignée le plus de nous, elle se survit à elle-même dans la perpétuité d'une mémoire qui ne peut périr ; le parfum qui nous en revient encore de loin est pour nous comme un arome qui en conserve dans nos cœurs la suavité toujours jeune ; et alors même que le trésor qu'elle déposa dans notre vie vient à se briser au chemin et à le joncher de ses débris, l'éducation, quand elle se fit dans l'affection, garde dans ses seuls souvenirs la puissance de se ressusciter elle-même, et de faire revivre jusque dans notre maturité le bienfait dont elle dota notre enfance.

Telle est la première condition de toute éducation : attacher l'homme à tout ce qu'elle enseigne, c'est-à-dire aux fondements mêmes de sa vie. Il y en a une seconde : ouvrir son âme en ouvrant son cœur. Car faire l'éducation de l'homme, ce n'est pas seulement l'élever, c'est encore l'épanouir. Cette ouverture de l'âme par l'éducation est la condition absolument nécessaire pour la continuer et l'achever elle-même. Un enfant qui ferme son âme devant celui qui aspire à l'élever, paralyse lui-même le travail de son éducation. Pour former un homme, il ne suffit pas de le toucher par le dehors, il faut l'atteindre par le dedans : comme le jardinier entre à son aise dans un parterre pour y arroser les fleurs ; ainsi celui qui fait l'éducation d'un enfant, doit entrer comme chez lui dans son âme pour y cultiver toutes les vertus naissantes, fleurs immortelles dont la semence est tombée du ciel dans ce jardin de Dieu. Sans cette expansion de l'âme, sans cette ouverture du cœur qui laisse un libre passage à toutes les légitimes influences, il ne peut plus y avoir d'éducation. L'instruction peut continuer d'accroître le trésor de la science ; la discipline peut continuer d'imposer la régularité extérieure et l'exactitude matérielle ; mais l'éducation cesse d'être, et avec elle les fruits qu'elle devait faire éclore.

L'éducation devait former l'enfant à l'expansion, à la simplicité, à la candeur, à la naïveté, à la sincérité ; elle devait lui donner, à force de confiance et de communication, cette qualité précieuse, charme particulier de l'enfance bien élevée, la transparence de l'âme. Or sans un cœur toujours ouvert l'enfant ne devient ni simple, ni naïf, ni sincère, ni communicatif, ni lumineux. Il se retire en lui-même avec ses secrets, c'est-à-dire presque toujours avec ses vices ; et ces vices, qui eussent disparu sous le regard du dévouement et dans les épanchements de la confiance, se cachent au fond de son âme et la rongent sourdement comme le ver ronge le fruit qui le porte en son cœur. Il devient avant l'âge, et contre le vœu de la nature, solitaire, sombre et observateur. Que dis-je? cette éducation qui ment elle-même à la nature, sans le vouloir le façonne au mensonge ; il devient hypocrite, dissimulé, menteur, comme on ne l'est pas au jeune âge; à dix ans, il est politique, mystérieux, impénétrable, profond de cette profondeur factice qui n'est que le masque d'un mauvais cœur; annonçant peut-être un grand diplomate, mais présageant un méchant homme. Et pourquoi dans un enfant ce vice irrémédiable? Pourquoi à son éducation cette irréparable blessure? Pour une seule raison : parce que tandis que l'instruction a continué d'embellir son intelligence, l'éducation a cessé d'ouvrir son cœur.

Or, le suprême secret de l'ouverture de l'âme, je n'ai pas besoin de vous l'apprendre, votre cœur vous l'a depuis longtemps révélé. Pour ouvrir facilement son âme, il faut aimer et se savoir aimé. Selon les nuances de caractère et de tempérament, il y a sous ce rapport des diversités; mais il règne dans cette diversité une loi d'une remarquable universalité; et cette loi est celle-ci : comme il faut le feu pour dilater les corps, il faut l'amour pour ouvrir les âmes. Avec quelle facilité une mère ouvre pour y entrer l'âme de son enfant! Pourquoi s'en étonner? Qui peut ouvrir le cœur ouvre tout avec lui; et la mère ouvre sans effort le cœur de son enfant, parce qu'elle est l'amour ; amour créé tout exprès pour rayonner sur lui, et par son rayonnement l'épanouir. L'amour maternel est au cœur de l'enfant ce que le soleil est à une rose : pour l'ouvrir il n'a qu'à le regarder.

Heureux l'enfant qui, même au pensionnat, peut encore sans trop d'efforts révéler son cœur à peu près comme il faisait au foyer devant le doux regard de sa mère ! heureux s'il trouve loin d'elle un maître capable par sa tendresse et digne par ses vertus d'ouvrir son âme et d'y entrer ! Dans ces filiales et paternelles relations où il donne la confiance en retour de la bonté, l'enfant continuera ses habitudes d'expansion qui sont le signe des bien élevés ; et sa vie achèvera de se faire de plus en plus à l'image de Dieu en devenant communicative.

Il est une troisième condition absolument nécessaire pour la formation de l'enfant au point de vue où nous sommes, c'est de le rendre heureux. Il y a pour tout être vivant des conditions de bien-être nécessaires au développement de la vie. Et pour l'homme, intelligence et amour, il y a un contentement de l'âme et un certain bien-être moral, en dehors duquel sa vie ne peut trouver toute sa croissance et toute sa floraison. Comment croître avec aisance et fleurir avec éclat, si l'on est dans un milieu antipathique à sa vie? Je n'entends pas, remarquez-le bien, que l'éducation doive exclure toute souffrance. Au contraire, fils de la douleur, enfanté une première fois dans les souffrances maternelles, il est bon et salutaire que l'homme concoure par ses propres souffrances à son second enfantement. Je ne désapprouve pas que sous la pression du travail, et sous l'effort des victoires remportées sur lui-même, l'enfant souffre, et quelquefois répande quelques larmes. Il trouve dans ses larmes comme un baptême, et dans ses souffrances comme une confirmation de sa virilité naissante. Mais ce que je ne veux pas pour la saison de sa croissance, c'est la tristesse permanente; c'est ce mal-être moral d'une âme qui ne se sent pas bien, parce qu'elle n'est pas dans un élément sympathique à sa vie.

Pères et mères, j'entends dire que vous vous préoccupez beaucoup, et même jusqu'à l'excès, du bien-être matériel que le pensionnat garantit à vos enfants : vous voulez savoir si l'enfant loin de vous ne sera ni moins bien nourri, ni moins bien logé ; s'il n'aura ni plus froid ni plus chaud qu'au foyer domestique. Ah! ne craignez pas tant pour ces chers petits êtres une certaine austérité qui fortifie les corps et trempe les âmes pour les épreuves de la vie, mais craignez une atmosphère où les âmes étouffent plus qu'elles ne respirent ; redoutez pour eux une éducation sans joie et une vie sans sourire ; surtout, éloignez ce froid du cœur qui le ferme en son printemps ; cherchez enfin pour eux, avant tout, non le bien-être du corps, mais le bien-être de l'âme. Sans le contentement intime et sans le sentiment du bonheur, ces enfants n'auront qu'une croissance infirme ; et leur vie, comme une plante sans soleil, se flétrira avant d'avoir donné son fruit, et peut-être même avant d'avoir poussé toute sa fleur : tant il est vrai que pour bien élever un enfant, il faut savoir le rendre heureux.

Or, pour tout enfant pur encore, être heureux, c'est aimer et sentir qu'on l'aime. Son bien-être moral est le sens délicieux des affections qui l'entourent et le pénètrent de leur souffle. Quand il a trouvé cet amour qu'il connut au foyer, il a retrouvé son élément ; il est content ; c'est une partie de son bonheur de ne pouvoir même en rêver un autre : et tandis qu'il garde dans son âme la joie tranquille qui naît de tout vrai contentement, il en montre sur son visage un rejaillissement naïf qui lui donne avec la grâce le complément de sa beauté.

Tels sont dans l'éducation les bienfaits de cet amour qui est sa première et sa dernière nécessité : il attache la vie à toutes les saintes choses de l'éducation en l'attachant à ceux qui la donnent ; il épanouit la vie en ouvrant le cœur des enfants ; il féconde la vie en lui donnant ce qu'il y a de plus sympathique à sa nature et de plus favorable à sa croissance : le bien-être moral et le sens du bonheur. Au contraire, si l'enfant, dans la saison où sa vie prend sa forme et son cours, n'a pu rien trouver de cet amour qui l'a tenu dans ses bras, que va-t-il arriver? Hélas! Messieurs, j'ose à peine vous le dire : impuissant à rendre à ceux qui l'approchent une affection qu'ils ne lui donnent pas, il retire en lui-même ce trésor d'affections qui ne trouvent plus à se répandre ; et l'égoïsme, l'âpre égoïsme le gagne à l'âge où le cœur donne ses plus pures tendresses. Que dis-je? Quelque chose de plus mortel à son éducation et à sa vie entre au fond de son cœur. Avec l'égoïsme, l'enfant qui ne peut plus aimer sent monter à ce cœur déshérité de l'amour la tentation de la haine; au lieu de se tourner à aimer, il se prend à haïr. Il hait d'une haine sincère les hommes chargés de remplir sur lui un ministère d'amour, parce que lui laissant ignorer le charme de l'affection, ils ne lui laissent sentir que le poids de leur autorité. C'est le penchant de l'enfance de prendre en exécration ceux qui lui demandent la dépendance sans lui donner l'affection. Le maître doit se faire obéir ; le maître doit se faire respecter ; au besoin, le maître doit punir : et si sous la parole qui commande et sous la main qui châtie, l'enfant ne sent un cœur qui l'aime, il se fait de ce maître une sorte d'affreux tyran que son imagination lui peint sous les plus noires couleurs, et que son cœur repousse avec une horreur égale à la haine qu'il lui a vouée. Le châtiment éveille en son cœur le sentiment de la vengeance; les respects qu'on exige suscitent en lui les réactions du mépris; et il se donne la joie de haïr comme une compensation de la nécessité d'obéir.

Alors, adieu l'éducation du cœur avec ses influences fécondes. Tout ce qu'il devait aimer venant du père de son âme, l'enfant le rejette parce qu'il vient de lui. Au lieu d'ouvrir son cœur à l'action de son dévouement, il arme ce cœur de haine pour le mieux repousser ; au lieu des pures joies d'un cœur qui aime en se sentant aimé, il connaît le malheur de haïr, et le malheur encore plus grand de croire qu'on le hait. L'avez-vous vu l'enfant qui a reçu, au détriment de toute sa vie, l'éducation de la haine? Pauvre petit! à force de haïr, il a désappris l'affection. Regardez à son visage : l'amour n'en rayonne plus; ses lèvres ne l'expriment plus; ses yeux ne le savent plus peindre. C'est qu'en effet son cœur ne le renferme plus. Le flot des saintes affections qui s'échappaient de son âme comme d'une source jaillissante, s'est tari goutte à goutte; l'habitude de haïr, si mortelle à sa vie, a durci ce cœur naguère encore si tendre et si affectueux. Aussi, ce mot qui remue si profondément le cœur de tout enfant grandi dans l'affection: *Ma mère;* ce mot qui en faisait vibrer toutes les fibres délicates, n'y porte plus le même frémissement, et n'y éveille plus les mêmes échos. Lorsqu'il revient dans la famille, on ne sent plus en lui les tressaillements d'autrefois; ses lèvres ont moins de sourires; son cœur a moins d'émotions; et ses yeux qui pleuraient en revoyant sa mère, laissent tomber chaque fois quelques larmes de moins. Un jour arrive où l'aridité de ses regards et la froideur de ses embrassements révèlent tout entier à cette mère désolée le malheur que son cœur avait tant redouté; et elle dit en gémissant cette parole où une mère renferme tant de tristesse : « Malheur à moi, mon fils n'aime plus sa mère. » Et cette parole sortie d'un cœur maternel, doué pour pénétrer ces mystères d'un tact infaillible, nous dit mieux qu'un oracle ce qui a manqué à l'éducation de l'enfant au collége ou au pensionnat: à savoir, l'amour qui ne lui manqua jamais au foyer domestique.

Et maintenant, Messieurs, vous me demandez avec une légitime inquiétude où l'enfant pourra retrouver, pour compléter l'œuvre de son éducation, cet amour qui reproduit, même loin de la famille, l'amour de son père et l'amour de sa mère ? Qui a la puissance de créer cet amour et de le faire sortir du cœur humain tel que l'invoquent ici la paternité et la maternité ? C'est ce qu'il nous reste à rechercher.

II

Il y a dans la vie des pères, et surtout dans la vie des mères, une heure pleine d'une solennité douloureuse : c'est l'heure où l'enfant, qui n'a connu que leurs caresses et leurs sourires, doit les quitter, pour aller chercher au loin un trésor de science ou un complément d'éducation, qu'il ne trouverait peut-être pas au sanctuaire de la famille. Alors, qui pourra dire ce qu'éprouve la mère en pressentant les approches de cette heure pleine d'angoisses, et peut-être de déchirements ! Quelle sollicitude dans son âme ; quels effrois dans son cœur ; et dans son imagination quelles images ! Combien de fois peut-être, serrant cet enfant sur son cœur et regardant l'avenir, elle lui fait ce discours qui n'a pas besoin de paroles pour se faire entendre :

« Cher enfant, jusqu'ici tu as grandi sous mes regards, et tu as vécu de mes caresses ; ton cœur n'a senti que le contact de mon cœur, et pour toi mon amour suffisait à tout. Tu étais la faiblesse, mais j'étais la sollicitude ; tu étais l'impuissance, mais j'étais la bonté ; tu étais la souffrance, mais j'étais le dévouement : tu étais l'innocence, et pour la conserver mon amour jour et nuit faisait bonne garde autour de ton cœur. Mais tu vas partir, enfant ; et loin de ta mère, qui s'inquiétera de toi ? Qui sera bon pour toi ? Qui veillera sur toi ? Qui sera surtout, comme ta mère, tendre et dévoué pour toi ? Et pourtant, si tu ne rencontres loin de moi une maternité pour remplacer la mienne, que vas-tu devenir ? Oh ! si je savais qu'il y eût quelque part, au loin, dans les régions où il faut aller chercher la science, un cœur comme mon cœur, un cœur du moins capable de prendre dans le mien quelque chose de mes tendresses et de mes dévouements : fût-il au bout du monde, pour toi j'irais le chercher ; car, cher enfant, je le vois au charme de ton sourire, je le devine aux battements de ton cœur, je le sens aux tressaillements de ma vie et de la tienne, je le comprends à la beauté qui déjà rayonne de ton âme et se réfléchit sur ton visage : non, il n'y a qu'une mère pour me remplacer ; loin du foyer comme au foyer, il n'y a que l'amour pour te bien élever. »

Oui, la mère a raison ; pour achever son ouvrage, il faut un autre amour de mère ; du moins un amour fait le plus possible à la ressemblance de cet amour. Mais où sont les sources vives d'où jailliront ces flots d'affection pure et féconde comme l'amour des mères? Ce qu'invoque ici toute mère pour achever le chef-d'œuvre commencé sur ses genoux, est sans contredit ce qu'il y a de plus beau, mais c'est aussi ce qu'il y a de plus rare, et de plus difficile à trouver sur la terre. Et même, dans un sens véritable, ce rêve de nos mères n'arrive jamais à se réaliser tout à fait. Quand elles ont trouvé ce que la Providence a créé de mieux dans l'humanité pour répondre au vœu de leur cœur, elles n'ont pas encore rencontré tout ce qu'elles avaient rêvé. Comment suppléer tout à fait le cœur d'une mère absente? Les mères facilement trouvent dans le naturel penchant de leur vie ce qu'il faut pour suffire à ce long et souvent douloureux ministère : élever des enfants. Il n'en est pas de même pour celui qui assume avec ses responsabilités la fonction délicate d'élever des enfants qui ne sont pas les siens ; des enfants vers lesquels ne l'inclinent pas le penchant qui vient de la nature et la sympathie qui vient d'un même sang. Il ne faut donc pas ici se faire de charmantes illusions ; il ne s'agit pas de réaliser avec tous ses naturels attraits et tous ses inimitables bonheurs, le foyer hors du foyer, la famille loin de la famille : il suffit de trouver ce qui en reproduit le mieux dans l'éducation la séduisante image et l'efficacité féconde.

En dehors des dévouements qui s'inspirent directement de Jésus-Christ et de son amour, je cherche ce qui peut reproduire le plus possible, dans l'éducation des enfants qui ne sont pas les nôtres, l'idéal de la paternité et de la maternité ; et je ne trouve rien qui ne soit pour les pères et les mères une déception douloureuse. Je ne suppose pas, remarquez-le bien, ce qu'il y a de plus désolant au point de vue de l'éducation : des enfants tombant tout à coup pour leur malheur des bras de l'amour aux mains de l'égoïsme, et d'un foyer d'innocence et de vertus dans un foyer de corruption et de vices. Je suppose les hommes aussi honnêtes et aussi dévoués qu'il est possible de l'être alors que, ne s'inspirant que de la raison et de la nature, ils ne vont pas chercher dans l'amour du Christ le secret divin de reproduire dans l'éducation des enfants la paternité et la maternité humaine.

Qui pourra dans l'éducation de l'enfant remplacer l'amour d'une mère? Sera-ce la puissance du devoir? C'est là du moins ce que peut invoquer d'abord de plus légitime l'honnête homme qui accepte le ministère d'élever votre enfant, c'est la raison du *devoir*. Cet homme, qui accepte une obligation qu'il veut remplir et des engagements auxquels il veut répondre, peut se dire : « J'ai fait un contrat : j'ai promis de me dévouer au bonheur de cet enfant ; j'ai promis de le bien élever ; j'ai promis d'en faire un homme. Et parce que ma raison me dit qu'aimer est la première condition pour bien élever, j'aimerai cet enfant ; je le veux, j'en prends la résolution sincère ; je veux l'aimer comme un père, et même comme une mère. Ce qui dans le père et la mère est un penchant de la nature et une inspiration du cœur, sera pour moi une prescription de la justice et une inspiration du devoir. »

Ainsi peut parler l'instituteur honnête homme. Mais qui parmi vous, Messieurs, connaissant un peu les hommes et s'interrogeant lui-même, se persuadera jamais que cette conviction d'honnête homme pourra suffire à tout, suffire partout, suffire toujours, pour l'accomplissement de cette tâche à nulle autre pareille ? Comment croire que cette seule idée du devoir, lumineuse mais froide comme la lumière des étoiles, pourra toute seule remplacer les inspirations du cœur et les influences de l'amour ? Pour qu'une âme produise ou dilate la vie, il faut qu'il y fasse chaud :

c'est la loi universelle de la création ; la chaleur seule est féconde ; seule elle fait germer, fleurir, fructifier : et cette loi qui gouverne la nature matérielle, ne gouverne pas moins la nature morale ; le cœur et l'âme, le sentiment et la réflexion s'unissent en nous pour attester que l'idée abstraite du devoir est ici impuissante à remplacer la chaleur féconde de l'amour. Non, en vérité, je vous le dis, quiconque ne veut aller plus loin que le droit et ne s'inspirer que de la justice, n'a pas tout ce qu'il faut pour remplacer une mère ; il peut être un excellent homme, il ne sera pas un excellent instituteur.

Qui pourra remplacer l'amour d'une mère ? Sera-ce la raison de l'intérêt bien entendu ? Ah ! beaucoup moins encore. Un homme, je le suppose, veut faire sa carrière et même sa fortune de l'éducation des enfants ; et voici le raisonnement qu'il fait avec lui-même : « Bien remplir ma fonction est pour moi, de toute manière, le meilleur des partis. Mon intérêt ici conspire avec l'amour des parents pour le bonheur des enfants : les bien élever est le moyen de m'enrichir ; mon intérêt bien compris me commande le plus parfait accomplissement de ma fonction d'élever. » Mais, je le demande à votre bon sens le plus vulgaire, qui pourra se laisser séduire par cette magie si peu séduisante de l'intérêt bien entendu? Comment de l'égoïsme le dévouement sortira-t-il? Que pourra, pour remplacer l'amour d'une mère, l'intérêt le mieux entendu du mercenaire le mieux intentionné? Qu'attendre, pour la formation de l'âme et du cœur de cet enfant, d'une éducation donnée à cinq francs par jour? Vous direz : C'est l'intérêt et le profit de l'instituteur de bien élever l'enfant confié à ses mains ; et qu'y a-t-il au monde que l'homme entende mieux et soigne davantage que son intérêt et son profit? Vous oubliez qu'il y a dans la formation d'un homme mille choses délicates, tendres, intimes, profondes, indéfinissables, que l'amour comprend d'instinct, et que l'intérêt, même le mieux avisé, non-seulement ne peut atteindre par son action, mais qu'il ne peut pas même deviner par sa pensée. D'ailleurs, nous l'avons reconnu, il faut que l'enfant puisse se persuader qu'on l'aime ; à cette condition seulement il peut aimer lui-même. Et jamais, quoi que l'on fasse, la raison de l'intérêt ne vaudra pour l'enfant la réalité de l'affection. Que lui fait à lui la fortune de l'homme qui l'élève? Que lui importe, à cet être si tendre, si délicat, si sympathique, l'accomplissement même le plus exact d'un ministère salarié? Ce qu'il lui faut pour féconder sa vie, c'est l'amour sincère, l'amour qui se donne spontanément lui-même et qu'il reconnaît à ses inimitables dévouements. Non, jamais les contrefaçons de l'intérêt personnel ne pourront suppléer pour l'enfant l'absence de l'amour; jamais la grimace de l'égoïsme n'imitera devant lui l'ingénuité du dévouement.

Qui remplacera l'amour d'une mère? Peut-être la bienveillance naturelle? J'accorde sous ce rapport tout ce qu'on peut raisonnablement supposer. Un homme rare se rencontre dont le cœur doux, aimant et bon se penche de lui-même vers les petits enfants. L'enfance est naturellement aimable; cet homme est naturellement bienveillant; que lui en coûtera-t-il de se dévouer à l'enfance? Beaucoup, sans doute, et plus qu'on n'imagine. Cet homme, si bienveillant soit-il, n'a pas un cœur de mère. La bonté native fît-elle en lui ce miracle, cet homme ne serait encore qu'une exception. L'homme, d'ordinaire, n'est pas tel ; il ne trouve pas naturellement dans son cœur ces trésors d'inépuisable bonté que réclame l'éducation. L'éducation demande une bonté que rien n'irrite, que rien ne lasse, que rien ne décourage. Quelles épreuves des enfants indociles font subir trop souvent même au meilleur des maîtres ! Que dis-je ? Un enfant quelquefois, un seul, suffit à déconcerter le cœur le plus riche en amour et en bienveillance. Qu'est-ce donc d'avoir à subir la pétulance de tout un peuple d'enfants, où souvent la malice conspire avec la malice pour lasser la bienveillance et décourager l'amour ? J'ai dit que les mères doivent souffrir, beaucoup souffrir, pour élever leurs enfants ; or l'instituteur, qui prend en lui avec les fonctions les tendresses de la maternité, doit souffrir aussi ; et souvent son dévouement à l'enfance lui arrache des larmes qui ne trouvent pas même la consolation de la pitié. Je le demande : où sont les natures assez heureuses pour suffire à un tel ministère ? Où sont les hommes qui ont naturellement dans leur cœur tant de bonté, de tendresse, de dévouement et de larmes à donner à l'éducation des enfants qui ne sont pas leurs enfants?

Messieurs, allez à l'orient et à l'occident, au midi et au septentrion; allez à tous les degrés de la hiérarchie sociale et à tous les points extrêmes de l'humanité: sauf de rares prodiges dont il ne faut pas tenir compte, ces cœurs capables de se substituer au cœur d'un père et au cœur d'une mère, vous ne les rencontrerez que dans le christianisme, et dans le plus pur christianisme; là, mais là seulement, vous les trouverez transformés par l'amour de Jésus-Christ, et puisant à son cœur divin par cette transformation des dévouements qui seuls suffisent à l'éducation de vos enfants, parce que seuls ils sont capables d'imiter et de reproduire quelque chose des vôtres. Et veuillez le remarquer encore, le spécial honneur que j'attribue sous ce rapport à l'institutenr profondément chrétien, n'est pour qui que ce soit un honneur réservé: ce privilége appartient à qui veut l'obtenir. Le christianisme n'est la propriété de personne, et le plus capable ici n'est que le plus chrétien. Je n'exige pas également de tous ce que Dieu ne demande pas également à tous. Mais poursuivant avec vous, en tout ordre de choses, le meilleur et le plus parfait, vous ne pouvez trouver étonnant que je vous montre ce que la Providence crée de plus grand pour l'éducation de vos enfants ; libre à vous de poursuivre un idéal plus élevé, si l'humanité vous le présente quelque part réalisé sur la terre.

Le catholicisme a, pour remplacer la paternité et la maternité dans l'éducation, une efficacité vraiment incomparable. Il met dans les cœurs de ceux qu'il prépare à ce ministère de tels trésors de tendresse humaine et d'affection divine ; il mêle dans ces cœurs avec une harmonie si parfaite l'humain et le divin, que de ces deux éléments il compose l'amour le plus digne de succéder à l'amour paternel et maternel : amour fort comme celui d'un père, tendre comme celui d'une mère.

Comme Dieu verse dans les plantes de la terre une certaine quantité de séve, il met au cœur de tout homme une certaine mesure d'affection. Une partie de ces affections s'en va, par les voies que la Providence leur ouvre, à leur fin naturelle. Notre père et notre mère, nos frères et nos sœurs emportent leur part de ce riche trésor. Mais en même temps Dieu nous laisse libres d'ouvrir nous-mêmes à tout ce qui nous en reste d'autres routes pour s'épancher. Cette surabondance du cœur, nous la pouvons verser en plaisirs, et nous la pouvons verser en dévouements ; mais nous ne la versons pas deux fois : et c'est le désespoir de ceux qui ont jeté leur amour à tous les courants du plaisir, de sentir bientôt leur cœur comme une source tarie d'où l'affection ne sait plus jaillir. Ceux-là ne sont pas dignes de toucher de leur cœur au cœur de vos enfants. Ils n'ont pour l'épancher sur eux rien de cette tendresse virginale et maternelle qui doit être leur plus féconde et leur plus douce rosée. Mais supposez un moment un homme qui n'a rien perdu dans les joies de la terre de ce trésor des cieux : sans partage au banquet des terrestres plaisirs, cet homme a épuré tout son amour par de célestes aspirations ; et son cœur aussi plein d'affection que de vertus, il l'a tenu toujours tourné du côté du ciel et de Dieu, comme un vase de parfums placé sur un autel. Heureux alors les petits enfants que Dieu a conduits près de ce cœur, et qui ont besoin pour croître d'une affection qui se donne sans autre ambition que de leur faire du bien. Ces enfants trouveront dans ce cœur des tendresses qui leur révèleront que, même loin de leur mère, il est encore pour eux une maternité.

Je ne voulais faire qu'une supposition, et la réalité s'est peinte dans ma parole. Ces hommes et ces femmes qui gardent pour vos enfants dans leur cœur des trésors de maternelle tendresse, ils existent ; et c'est le privilége de l'Église de les produire partout et toujours avec une fécondité que rien n'épuise : cœurs élus que Dieu tient en réserve pour vos enfants; générations choisies, sacrées tout exprès pour cette maternité de l'âme, ayant reçu du Christ, pour en remplir la fonction, un amour qui n'a d'autre ambition que de se donner tout entier au bonheur de l'enfance, et puisant à la source même d'où il jaillit je ne sais quoi de divin qui les défend contre toute faiblesse humaine.

Il le fallait ainsi; car tout ce qui n'est qu'humain porte partout le vice et l'infirmité de l'homme, et comme lui peut faillir. Il y a un amour qui ravage, il faut un amour qui féconde. Il y a un amour qui perd, il faut un amour qui sauve; et pour donner à l'éducation des enfants la garantie sacrée qu'invoque un cœur de mère, le divin doit ici conspirer avec l'humain. Il faut que dans cet amour de l'homme descende pour le transformer la sainteté de Dieu. C'est le miracle qu'accomplit le christianisme au cœur de l'homme qui l'accepte tout entier : il transfigure si bien le maître aux regards de l'enfant et l'enfant aux regards du maître; il sacre si divinement l'amour du premier dans le cœur du second, et l'amour du second dans le cœur du premier, que l'un et l'autre arrivent à s'aimer tout à la fois avec une tendresse humaine et une pureté divine. Vous demandez comment et où s'accomplit cette transformation qui fait saint ce qui n'était que bon, et divin ce qui n'était qu'humain? Ai-je besoin de vous le dire? Elle se fait au centre vivant du christianisme, lieu divin où s'accomplit toute grande transformation du cœur de l'homme : dans le sacré cœur de Jésus-Christ, foyer divin où tout amour humain s'épure, s'élève et se divinise lui-même. Quiconque a jeté là son cœur, y a puisé un amour qui absorbe en lui tout autre amour; et cet amour, en le transformant lui-même tout entier, transfigure à ses propres yeux l'enfant que sa foi lui découvre dans le rayon tombé sur lui du visage de Jésus-Christ.

Telle est la transformation divine que l'amour de Jésus-Christ accomplit au cœur de l'homme pour y reproduire la tendresse et le dévouement des mères. Aussi l'instituteur que le christianisme a façonné tout entier, peut dire en toute vérité en attestant son droit et son aptitude à la formation de l'enfance : « Moi sacré « dans le cœur de Jésus-Christ pour ce sacer« doce maternel, j'aime dans ce cœur divin tous « les enfants qu'il aimait. O mère, cet enfant « que vous avez porté dans vos bras, je crois « qu'il porte en lui Jésus même. Quand je le « vois venir, tout ce que j'ai d'amour en mon « cœur pour mon Maître divin me porte et

« m'incline vers lui. Cet enfant, je ne l'avais ja-
« mais vu, et déjà je l'aimais ; mais en le voyant
« venir, je l'aime davantage ; je l'aime comme
« une apparition de Jésus-Christ lui-même ; car
« je crois voir mon Dieu me souriant avec le
« visage d'un enfant. Et tandis que cette
« grâce d'innocence qui reluit à son front,
« suscite pour lui du fond de mon cœur
« l'attrait d'une sympathie humaine, cette
« transfiguration me le fait aimer d'un amour
« supérieur et tout divin. Si bien que le vi-
« sible et l'invisible, l'humain et le divin,
« m'attirent vers cet enfant par deux at-
« tractions qui n'en font qu'une, et à laquelle
« je cède d'autant plus volontiers, qu'elle
« m'entraîne vers Dieu en m'entraînant vers
« lui. »

Et ce qui achève d'un dernier trait cet idéal de maternité, c'est que ce Dieu aimé dans un enfant, c'est le Dieu du sacrifice, le sacrifice même ; Celui qui en touchant à nos cœurs par son cœur y allume la plus maternelle de toutes les passions, la passion des perpétuels dévouements et des sacrifices quotidiens. Admirable passion, qui nous rapproche le plus de l'idéal de cette maternité que j'ai peinte l'année dernière, en nous faisant comme à nos mères une vie de nos épuisements, une félicité de nos douleurs et une fécondité de tous nos sacrifices !

Cette maternité de l'âme et du cœur, divine et humaine tout ensemble, comme elle a bien tout ce qu'il faut pour remplacer auprès des enfants la maternité du sang ! Comme la maternité du sang, elle est bonne ; et comme la bonté, elle sourit et elle s'afflige, elle console et elle pardonne. Comme la maternité du sang, elle est inquiète, elle est la sollicitude même ; et comme la sollicitude, elle veille, elle regarde, elle écoute, elle craint qu'on ne vienne dans ce cœur d'enfant profaner Jésus-Christ. Comme la maternité du sang, elle est dévouée ; et comme le dévouement, elle veut souffrir ; elle sait que pour produire seule la souffrance est féconde : et elle n'espère jamais mieux pour l'enfant qu'elle élève, que lorsque pour lui, comme une mère, elle a versé quelques larmes sur les pieds de Jésus-Christ. Comme la maternité du sang, elle est chaste et sainte dans ses affections, ayant la force de plus et la faiblesse de moins ; suave comme l'amour et austère comme le devoir ; ayant toute la pureté du ciel et toutes les tendresses de la terre.

Voilà l'amour que Dieu crée au cœur de l'homme pour l'éducation de vos enfants ; le voilà avec sa vraie physionomie et son incomparable puissance ; le voilà tel que je l'ai rencontré dans le christianisme, sorti transfiguré du cœur de Jésus-Christ. Pères et mères, ah ! j'en suis certain, votre amour ici comprend sans aucune peine le mystère de l'amour. Quelles que puissent être les préventions de l'esprit, votre cœur ne s'y méprend pas. Et lorsque la Providence a mis sur votre chemin cette maternité née de Jésus-Christ, la seule qui soit digne de succéder à la vôtre, tout crie en vous : La voilà ; et votre cœur lui fait un accueil sympathique ; vous sentez qu'il y a là des tendresses qui conspirent avec vos tendresses, des dévouements complices de vos dévouements. Et, comme vous, mieux que vous encore, votre enfant la distingue. Dieu lui donna pour la discerner l'infaillibilité du cœur ; à l'école comme au foyer, il a un signe pour reconnaître l'amour que Dieu créa pour le rendre heureux en le rendant parfait ; comme l'enfant sa mère, il le reconnaît à son sourire. Et quand il l'a reconnu, quand il est bien sûr que c'est lui l'amour pur et dévoué qui se donne à son bonheur et à sa perfection : il vient à lui, sans même qu'il soit besoin de le lui commander ; il cède sans résistance à sa douce attraction; il se laisse aller à un empire qui le charme encore plus qu'il ne le domine ; et reçoit, sans essayer même de les discuter, ces influences délicates et profondes qui sont le chef-d'œuvre de l'éducation accomplie par l'amour. Cet amour qui lui parle, il l'écoute ; et chacune de ses paroles porte la doctrine au plus intime de son être, et serre de plus en plus son âme dans les embrassements de la vérité. Cet amour qui a un cœur rayonne sur le sien ; et sous ce pur et doux rayonnement il sent, à mesure qu'il s'élève, toute sa vie s'épanouir comme la fleur qui s'ouvre au soleil en montant sur sa tige. Cet amour qui a une main pour le façonner à l'image du Christ, il l'approche et s'en laisse toucher ; car ses contacts sont pour lui la félicité même ; cette main est si douce et si forte tout ensemble, qu'elle sait le plier toujours sans l'irriter jamais ; et se faisant chaque jour à l'image de cette maternité qui le forme, l'enfant devient lui-même suave comme cette parole, ce cœur et cette main qui le touchent. En lui apprenant à croire, l'éducation a planté sa vie dans le vrai, et lui a donné avec sa base sa solidité ; en lui apprenant à aimer, l'éducation l'a épanouie dans l'amour, et lui a donné, avec son épanouissement, son charme et sa beauté.

O beauté sans égale ! ô charme sans pareil d'une éducation reçue sous ce doux et puissant empire de l'amour ! quand on vous a connu, comment faire pour vous oublier ? O vous qui l'avez reçu ce don de l'éducation humaine faite par un amour tout divin, rendez ici à la vérité le témoignage du cœur : n'est-il pas vrai que quand on a retrouvé à l'école, au pensionnat, au collége, cet amour si pareil à celui qui nous tint sur ses genoux et nous éleva dans ses bras, l'âme et le cœur en ont été à jamais séduits, et que l'image nous en demeure toujours belle et attrayante comme ces deux figures que nos premiers regards ont rencontrées près de notre berceau ? Ah ! nous avons beau vieillir ;

elle, ne vieillit pas : au milieu de tant de choses qui meurent en nous pour ne plus refleurir, elle semble renouveler chaque année au fond de nos souvenirs ce printemps de la vie qui nous charme encore par des parfums venus de si loin. Et à mesure que nos jours emportant une à une toutes nos illusions, notre vie se fait austère, nous aimons à rappeler sur notre présent un reflet de ces jours les plus charmants de tous nos jours. Que dis-je ? cette image n'est pas seulement un charme, elle est une sauvegarde aussi ; et l'éducation, même après de longues années, trouve encore, dans la magie de ses souvenirs, la puissance de se perpétuer et de se survivre à elle-même à travers tous les écueils et tous les orages de la vie.

QUATRIÈME CONFÉRENCE

QUATRIÈME CONFÉRENCE

LE PROGRÈS DANS L'ÉDUCATION

PAR L'OBÉISSANCE CHRÉTIENNE

Éminence,

Après avoir considéré l'éducation par sa base et montré les conditions de la formation de l'intelligence, nous l'avons considérée par son centre et nous avons montré les conditions de la formation du cœur. La vie de l'enfant, à toutes ses phases, se révèle partout comme une vie d'amour; d'où résulte pour son éducation cette loi souveraine : apprendre à aimer. L'éducation doit produire, au point de vue du cœur, ces trois résultats : elle doit attacher par des affections profondes à tout ce qu'elle communique elle-même à l'enfant ; elle doit ouvrir avec le cœur l'âme tout entière, et par cette libre ouverture lui donner des habitudes d'expansion, de sincérité et de transparence ; elle doit enfin rendre la vie heureuse, et lui donner, avec le sens de la félicité, ce bien-être de l'âme nécessaire à sa croissance morale. Or, pour produire ces trois résultats, il n'y a qu'un secret : faire de l'éducation un ministère d'amour ; être aimé de l'enfant et lui montrer qu'on l'aime. Ce ministère d'amour qu'invoquent la paternité et la maternité pour continuer en dehors du foyer leur œuvre inachevée, il n'y a que le plus pur christianisme qui soit capable de le créer dans toute sa perfection. Seul il sait susciter dans nos cœurs pour les enfants qui ne sont pas nos enfants, un amour qui a toute la force paternelle et toute la douceur maternelle, toutes les tendresses de la terre et toute la pureté du ciel : admirable création où l'humain et le divin s'unissent pour composer l'amour le plus digne et le plus capable de remplacer près des enfants des cœurs de père et des cœurs de mère.

Ce que j'ai dit, Messieurs, sur le rôle et l'efficacité de cet amour dans l'éducation de vos enfants, je l'ai lu dans des souvenirs pour moi toujours vivants; et, si j'ose le dire, je l'ai lu dans mon cœur. Dieu, à mon insu, m'avait de loin préparé à cet apostolat. Il a consacré à l'éducation de l'enfance les belles années de ma vie. Là j'ai connu l'enfance et je l'ai aimée. Là dans ce commerce intime où, de toute part et à toute heure, la vie touche à la vie, mon âme a pénétré son âme, et mon cœur a senti son cœur. Ministère obscur mais fécond, où l'amour sert plus que la science, et où le dévouement reçoit sur la formation de l'homme des illuminations que le génie attendrait en vain des hauteurs de sa métaphysique.

Je voudrais plus longtemps m'arrêter à ce sujet dont le charme est sans pareil. Mais comme l'éducation doit toucher à tout ce qui est de l'homme, ma parole doit toucher à tout ce qui tient à son éducation. L'homme a sa base dans l'intelligence, l'homme a son centre dans son cœur; mais qu'y a-t-il aux plus hautes cimes de la vie humaine pour la dominer et la gouverner tout entière? Là, à ce sommet de l'homme, il y a sa volonté : la volonté, faculté royale qui commande à tout dans l'homme, comme l'homme commande à tout dans la création. C'est par là surtout que l'on devient un homme; c'est l'exercice de cette noble puissance qui prépare l'homme dans l'enfance à porter un jour le sceptre de sa royauté, et à se montrer dans toute sa majesté tel que Dieu l'a fait, tel que Dieu l'a voulu : roi de la création, capable de commander à tout, après avoir appris à se commander à lui-même.

Nous l'avons fait remarquer dans notre première conférence, l'éducation décide le progrès des peuples, parce qu'elle détermine la valeur des hommes : et ce qui dans l'œuvre même de l'éducation donne le plus à l'homme sa vraie valeur, c'est la formation de sa volonté. C'est par la puissance de la volonté que les hommes se distinguent des hommes; c'est par là qu'ils se font un caractère, une physionomie, un empire dans l'humanité. C'est par là surtout que nous les jugeons. Et de même que c'est par la volonté qu'ils pèsent dans la balance de nos jugements et donnent la mesure de leur valeur, c'est par là aussi qu'ils pèsent dans la balance des événements et donnent la mesure de leur puissance. Ce qui gagne les grandes batailles, c'est un homme qui veut; ce qui sauve les empires, c'est un homme qui veut; ce qui change en un jour pour des peuples entiers la face du présent et les perspectives de l'avenir, c'est un homme qui veut; ce qui produit les chefs-d'œuvre immortels et les créations illustres, c'est un homme qui veut. Et, il faut bien en convenir aussi, ce qui d'ordinaire fait les grands désastres et consomme les grandes ruines, c'est encore un homme qui veut; et nul ne peut dire tout ce qui advient parfois à l'humanité de prospérités ou de malheurs, de grandeurs ou de chutes, parce qu'un homme a voulu. Rien donc n'importe plus dans l'éducation de l'homme que la formation de la volonté, la valeur et la puissance de l'homme ayant pour mesure la valeur et la puissance de son vouloir.

Or la formation de la volonté humaine peut se résumer dans un mot dont l'énoncé étonnera ceux qui parmi vous n'y ont jamais réfléchi s l'*obéissance*. L'éducation forme l'intelligence en apprenant à croire; elle forme le cœur en apprenant à aimer, et elle forme la volonté en apprenant à obéir. Obéir est la loi souveraine de toute humaine volonté; et l'éducation, en développant l'homme selon cette loi, fait la perfection de sa volonté et le progrès de toute sa vie. C'est le sujet de cette conférence.

I

Pour éviter ici de trop faciles méprises, il faut dire tout d'abord ce que nous voulons entendre par ce mot : *obéissance*. De même que l'autorité dans son essence n'est pas une chose purement matérielle, l'obéissance, de son côté, est une chose de sa nature essentiellement morale. Obéir, dans le sens libéral de ce mot, n'est pas se soumettre nécessairement à une puissance qui nous subjugue; c'est s'incliner librement sous le sceptre d'une autorité que nous reconnaissons. L'obéissance n'est pas une petite force qui cède à une grande force, la faiblesse qui ploie sous la puissance : c'est une volonté inférieure s'unissant librement à une volonté supérieure; c'est un aveu volontaire de la supériorité qui commande ; c'est un hommage libre rendu à l'autorité légitime, ou du moins supposée telle par celui qui le rend. Et parce que toute autorité légitime est une participation de l'autorité de Dieu, on peut dire que tout acte d'obéissance est un acte harmonieux par lequel la volonté humaine se tourne vers Dieu, centre de toute autorité. L'autorité, c'est le droit de ce qui est auteur; obéir, c'est faire l'ordre en soi en s'unissant librement à son auteur.

Au point de vue de l'obéissance telle que je viens de la définir, il y a deux systèmes d'éducation dans la famille, comme il y a deux systèmes de gouvernement dans la société : il y a l'éducation de la révolte, et il y a l'éducation de l'obéissance; l'éducation antichrétienne, et l'éducation chrétienne.

Exposons d'abord ces deux systèmes qui se repoussent radicalement.

Le christianisme est la divine école de l'obéissance ; il est en essence l'autorité de Jésus-

Christ constituée dans l'humanité chrétienne, et il est pratiquement la soumission de l'humanité chrétienne à l'autorité de Jésus-Christ. La hiérarchie est cette autorité organisée dans l'Église ; la vie chrétienne est la reconnaissance pratique de cette autorité, c'est-à-dire la perpétuelle obéissance à Dieu en Jésus-Christ Notre-Seigneur. Le chrétien est donc essentiellement un être obéissant. Libre serviteur du Christ souverain, il sait dire quand l'heure est venue : Mieux vaut obéir à Dieu qu'aux hommes ; mais il ne peut jamais dire : Je n'obéirai pas. S'il le disait, il abdiquerait le signe du Christ pour prendre le signe de Satan. Le travail décisif de l'éducation chrétienne est de soumettre la volonté de l'enfant à l'autorité du Christ. Elle sait que la formation morale de l'homme dépend par-dessus tout de la formation de son vouloir, parce que c'est par son vouloir que l'homme décide sa destinée, et penche vers le pôle du bien ou vers le pôle du mal ; et pour la volonté d'un chrétien, le bien c'est tout ce que Jésus-Christ commande, le mal c'est tout ce qu'il défend.

Voilà pourquoi l'éducation chrétienne met

sa suprême sollicitude à incliner la volonté de l'enfant devant la divine autorité de Jésus-Christ. Elle dit, en lui montrant le père et la mère : Ils sont, avec Dieu créateur, les auteurs de ta vie; ils sont pour toi l'autorité consacrée par Jésus-Christ : il faut leur obéir. Elle dit, en lui montrant le prêtre et le pontife : Ils sont les représentants de Jésus-Christ révélateur et de Jésus-Christ sauveur; leur parole te dit sa pensée, leur commandement sa volonté : il faut leur obéir. Elle dit en lui montrant le magistrat, le fonctionnaire et le roi : Ils portent le glaive pour le bien et la justice; ils ont l'autorité du Christ pour défendre tes droits et protéger ta patrie : comme à ton père, comme à ton prêtre, dans la sphère où ils commandent, il faut leur obéir.

Ainsi l'éducation chrétienne développe dans l'enfant l'instinct de l'autorité et le penchant de l'obéissance. Et ce travail généreux, elle n'attend pas pour le commencer que la raison soit arrivée à son plein développement; elle le commence même avant l'aurore de sa vie morale. Alors même que l'enfant n'a pu encore saluer et adorer son maître, elle l'exerce par anticipation à faire ce qu'il ordonne ; et le premier usage rationnel qu'il fera de sa volonté, sera de s'incliner avec connaissance devant l'autorité à laquelle il s'est habitué à obéir, même avant de savoir qu'il lui devait obéissance.

Qui croirait, Messieurs, qu'une méthode si simple, si naturelle, si sociale, pût rencontrer contradiction? Mais devant la raison de certains hommes, tout ce que fait le christianisme, tout ce que commande l'Église, doit avoir tort. La passion qu'ils éprouvent de faire mentir le christianisme et de contredire l'Église, les pousse invariablement à mentir à la nature et à se contredire eux-mêmes. Ici encore nous rencontrons sur notre route l'inévitable contradicteur du christianisme et du bon sens, Rousseau, fondant sur l'indépendance absolue l'éducation de la volonté. L'obéissance volontaire à une autorité, posée par le christianisme comme un principe d'éducation et comme telle pratiquée par tous les peuples, il ose la rejeter comme un principe de décadence. Il veut que dans son éducation l'enfant évite avec un même soin l'obéissance et la domination. Ni commander ni obéir, tel est l'idéal d'éducation que propose le sophiste pour élever ce qu'il appelle pompeusement l'*homme de la nature*. Ici encore il faut citer ; on pourrait croire que nous combattons des fantômes, ou que nous calomnions devant sa postérité le patriarche du moderne rationalisme.

« Il y a, dit-il, deux sortes de dépendance, celle des hommes et celle des choses. La première est de la société, la seconde est de la nature. La dépendance des choses n'ayant aucune moralité, ne nuit pas à la liberté de l'enfant, et dès lors, elle n'engendre pas de vices ; la dépendance des hommes étant désordonnée les engendre tous.

« Maintenez l'enfant dans la seule dépendance des choses, et vous aurez suivi l'ordre de la nature dans le progrès de son éducation. N'offrez jamais à ses volontés indiscrètes que des obstacles physiques, ou des punitions qui naissent de ses actes eux-mêmes : qu'il sente également sa liberté dans ses actions et dans les vôtres ; qu'il ne sache pas ce que c'est qu'obéissance quand il agit, ni ce que c'est que commandement quand on agit pour lui.

Les mots *commander* et *obéir* seront proscrits de son dictionnaire, encore plus que ceux de devoir et d'obligation ; mais ceux de *force* et de *nécessité* y tiendront une grande place.

« Ne lui commandez jamais rien, quoi que ce soit, absolument rien. Ne lui laissez pas même imaginer que vous prétendez avoir aucune autorité sur lui. Qu'il sache seulement qu'il est faible et que vous êtes fort. Jeune instituteur, je vous prêche un art difficile, celui de gouverner sans précepte et de tout faire en ne faisant rien. »

Tel est le système d'éducation individuelle et sociale proclamé par un apôtre du progrès : paradoxe insolent qui osa se poser devant la raison de vos pères, et qui vêtu de rhétorique passa un moment pour du génie. Ah ! Messieurs, quand je pense qu'une pareille théorie a pu recueillir, il y a cent ans, les applaudissements de tout un peuple de lettrés et de philosophes ; je trouve dans la stupeur qu'elle vous cause en ce moment la démonstration du progrès que, malgré nos malheurs, nous avons fait depuis. Ce n'est pas devant vous que cette doctrine oserait se présenter à visage découvert dans sa grossièreté sauvage; mais prenez garde, l'esprit qui en est sorti passe et se sent encore dans l'air que son souffle infecta; même dans l'éducation, l'indépendance a retrouvé des apôtres, et l'obéissance des détracteurs. Or voulez-vous savoir ce qui condamne à jamais cette philosophie de l'homme et de l'éducation? Je le dis d'un seul mot : elle ment à la vie, elle est par son fond radicalement fausse, parce que l'obéissance est la loi souveraine de la vie humaine et que l'homme ne peut s'élever qu'à la condition d'obéir.

Je pourrais vous rappeler que, même en dehors de l'homme, il y a dans toute la création une obéissance passive des êtres matériels à une volonté créatrice, et que cette obéissance relative à leur nature est la condition de leur harmonie, de leur croissance et de leur progrès. Des abîmes du firmament aux abîmes de la terre tous entendent la voix qui les appelle, et ils disent : Nous voici. Du fond le plus inexploré des espaces, les soleils suivent leur orbite avec une exactitude dont les mathématiques ne parviennent pas à exprimer tout le prodige ; ils viennent au point et à l'heure que leur a marqués le doigt divin, se montrer à nos regards et saluer le Créateur. Le monde sidéral tout entier est un concert de soleils chantant la gloire de Dieu en exécutant sa volonté. Sur la terre, la vie circule par mille canaux profonds où le génie de l'homme ne parvient pas à la suivre pour surprendre tous ses mystères ; mais dans ces mouvements si multipliés, si cachés, si impénétrables, il y a une chose qui se révèle partout avec une splendeur divine au génie qui contemple, c'est la fidélité de la vie au rendez-vous de la Providence. Si obscurs, si lointains soient-ils, la séve devine et suit, sans dévier, les sentiers que la nature lui ouvre ; elle vient, à son heure, donner à la terre sa robe de verdure, aux arbres leur parure de fleurs ou leur couronne de fruits, avec une docilité qui n'a jamais résisté à Dieu, et avec une simplicité qui ne sait ni tromper ses vœux ni mentir à sa parole.

Mais les arbres, les plantes, les astres, les mondes matériels qui font la volonté de Dieu, ne le savent pas. Pour donner un sens à ce concert d'obéissances aveugles et passives, il faut une obéissance intelligente et libre : cette obéissance, c'est l'homme ; l'homme pontife, médiateur et roi ; l'homme qui par la voix de sa libre soumission complète les harmonies du monde et les accords de la création. Voilà pourquoi l'enfant, dès la première aube de sa pensée, révèle l'instinct d'une obéissance libre à une autorité reconnue par son intelligence. Alors sans doute l'autorité morale qui vient lui demander la soumission d'un sujet, ne se découvre encore qu'à travers le clair-obscur de l'aurore ; et déjà cependant sa raison naissante conspire avec l'instinct pour légitimer l'empire et consacrer l'obéissance. Tandis que déjà son cœur l'incline sous le sceptre d'une autorité qui se personnifie dans l'amour, sa raison reconnaît mieux en elle la légitimité du commandement et la majesté du droit ; et l'une des premières leçons de sa conscience qui s'éveille, est de lui apprendre à obéir à cette autorité qui est le premier instinct de son âme et le premier besoin de sa vie. L'enfant, en effet, trouve dans sa faiblesse et son impuissance native la révélation de cette loi qui l'atteint au berceau. Vous naissez tous, Messieurs, avec la vocation du commandement ; et il n'y a pas d'être plus impuissant à se gouverner que vous-mêmes, à votre première entrée dans ce monde où vous devez régner. Rois de la création, vous subissez à votre naissance la captivité de vos besoins ; jetés pleurants et faibles au seuil de votre empire, si l'amour ne vous touche de son sceptre, vous ne pouvez pas même vivre ; et la première loi qui pour vous se proclame, la voici : *ou mourir ou obéir*.

Cette nécessité d'obéir qui est la loi de notre éducation parce qu'elle est la loi de notre vie, elle ne nous quitte pas avec les nécessités qui tiennent notre enfance captive. L'enfant grandit, sa raison se développe, ses horizons s'étendent, son empire peu à peu se découvre à ses yeux ; il commence à essayer dans sa main le poids de son sceptre, et sur son front le poids de sa couronne ; il sent venir l'heure de son investiture : il va devenir un homme. L'instinct de la domination s'éveille ; un immense besoin d'indépendance se développe dans son âme ; il entend des voix qui crient de tous les abîmes de son cœur : *Dirum-*

pamus vincula. Plus de langes, plus de chaînes, plus de barrière, plus de limites à ma liberté : « taisez-vous, mon père, taisez-vous, ma mère ; que la loi me laisse, que l'Eglise me laisse, que Dieu me laisse libre et souverain dans mon domaine, qu'on ne me commande plus : je n'obéirai plus ; voici l'heure de prendre moi-même le le gouvernement de moi-même : arrière tout ce qui m'étreint, arrière tout ce qui me captive, arrière tout ce qui prétend me dominer et me donner des ordres. »

Voilà la nature humaine dans un enfant de quinze ans : et il ne se peut de proclamation plus éclatante de la loi d'obéissance dans l'éducation de l'homme, que ce cri d'indépendance jeté avant l'heure par l'homme encore enfant. Cet impatient du joug, cet ambitieux du commandement, que va-t-il devenir? Cet indépendant, qui le soumettra? ce révolté, qui le contiendra? qui arrêtera cet emporté qui semble vouloir courir à travers le monde, comme le cheval de l'Arabe à travers le désert?... L'obéissance, mais la libre et volontaire obéissance. Alors, sans doute, le mouvement spontané s'est élargi ; la sphère de l'activité propre s'est agrandie ; la vie surabonde et semble crier de toutes parts : Ouvre-moi l'espace, *fac mihi spatium*. Mais alors même l'enfant n'échappe pas à la loi d'obéissance. Que dis-je ? à cette heure décisive, l'acceptation libre d'une autorité qui le domine lui est devenue plus nécessaire que jamais : il n'a plus toutes les faiblesses de l'enfance ; mais il porte en lui tous les orages de l'adolescence ; et il garde une impuissance de se gouverner lui-même d'autant plus fatale à son propre développement, qu'il éprouve plus profond le besoin de repousser tout gouvernement qui *n*'est pas le sien. L'enfant a une faiblesse passive qui le livre sans opposition au gouvernement d'un autre ; la crise de l'adolescent est d'aspirer à repousser toute royauté qui le gouverne, alors qu'impuissant encore à se gouverner lui-même, il prend la fougue de ses passions pour le mouvement de la force, et le cri de son indépendance pour la déclaration de ses droits. Oh ! c'est alors surtout qu'il lui faut l'obéissance ; obéissance plus libre, plus raisonnée, plus intelligente sans doute ; mais il la faut : il la faut non pour l'enchaîner, mais pour le défendre ;

non pour ôter le mouvement à sa vie, mais pour poser des limites à ses emportements; non pour le condamner à une impuissance qui l'annule et à une captivité qui le dégrade; mais pour lui épargner des agitations qui l'affaiblissent et des fatigues qui le tuent. Alors, et surtout alors, il faut qu'à droite et à gauche l'obéissance lui pose des barrières, de peur que les déréglements d'une force qui ne se possède plus, ne l'emportent de chute en chute, et ne le précipitent au fond des grands abîmes.

Mais le temps a marché; l'ardeur de l'adolescence a fait place à la maturité de la vie; l'enfant déjà est un homme : va-t-il cette fois échapper à la loi de l'obéissance? Hélas! non. Même à l'âge où il se sent le plus fait pour le commandement, homme de quarante ans, impatient de gouverner et de donner des ordres, la loi de l'obéissance plus que jamais le domine et le soumet à son inévitable empire. Ce qu'il rencontre alors dans cette société où il vient prendre sa place et remplir sa fonction, ce n'est pas un désert où l'homme de la nature promène au gré de ses caprices sa liberté sans frein; ce qu'il sent autour de lui, c'est un vaste réseau de dépendance, où il ne pourra se mouvoir dans l'ordre et agir dans l'harmonie qu'à la condition d'obéir. Homme de la nature, tu ne veux entendre parler ni de commandement, ni d'obéissance : sors, sors de la société ; va-t-en au désert, va dans ses libres solitudes poursuivre le rêve fou de ton indépendance. Mais si tu veux vivre dans la société et y conquérir avec tes pareils la grandeur et la gloire de l'homme, prépare ton cœur à aimer et ta volonté à obéir. Choisis, si tu le veux, ta place et ton rang dans la hiérarchie sociale : mais à quelque degré que tu fixes ta vie, en bas, au milieu, en haut ; sujet, ministre, roi ; n'importe, il faut obéir.

J'ai regardé à tous les degrés de l'échelle sociale ; j'ai cherché un homme qui n'obéît pas ; je n'en ai pas trouvé. En bas, j'ai vu la multitude qui obéit et qui, quoi que l'on fasse, ne pourra jamais qu'obéir ; la multitude qui alors qu'elle n'obéit plus, ressemble à une mer en furie menaçant de dévorer la terre. Plus haut que les masses populaires, j'ai vu le capitaine qui obéit, le magistrat qui obéit, le fonctionnaire qui obéit ; j'ai vu tous ceux que dans la société on appelle des chefs, des supérieurs, des commandants, obéir encore plus qu'ils ne commandent. Oui, tous ces hommes placés sur les hauteurs d'où ils dominent les autres, et qui semblent ne respirer dans ces régions sublimes que l'air libre de l'indépendance, tous je les ai vus soumis eux-mêmes à des ordres qui les enchaînent et à des servitudes qui les tiennent captifs; plus enchaînés et plus captifs que ce peuple qui leur obéit et fait leur volonté. Que dis-je? Celui-là même qui est debout au plus haut sommet social, celui qui tient dans sa main la destinée des hommes et le gouvernail des choses, il faut qu'il obéisse. S'il veut que sous son commandement tout marche dans une inaltérable harmonie, il faut que son commandement lui-même, relevant d'une autorité plus haute, obéisse, sans y manquer jamais, à l'inaltérable justice; sa puissance pour se faire obéir des hommes, n'a sa garantie efficace que dans sa fidélité à obéir lui-même à Dieu. S'il manque par l'injustice à cette loi de sa destinée, il retombe fatalement par un autre côté sous la nécessité de son empire : il rencontre dans les hommes et dans les choses une domination qu'il est forcé de subir; et au fond de tout, cette puissance de Dieu qui ne nous commande jamais mieux, que quand elle s'arme pour se faire obéir de la force même des événements. J'ai vu partout dans la société, de degré en degré, les hommes obéissant à des hommes ; oui, partout dans ce mécanisme vivant qui fait l'ordre et l'harmonie sociale, de bas en haut et d'une extrémité à l'autre, j'ai vu l'obéissance répondant à l'obéissance; à peu près comme dans ces chefs-d'œuvre de l'industrie moderne, chaque rouage obéit dans son action à un autre rouage, et ne trouve la liberté de son jeu que dans la perfection de sa dépendance. J'ai vu enfin l'humanité comme une hiérarchie de soumissions et comme un accord de volontés, où tout homme est appelé à obéir aujourd'hui, à obéir demain, à obéir toujours: et devant ce spectacle si plein d'enseignement et d'illumination, je me suis écrié: L'obéissance est la loi de la vie; et parce qu'elle est la loi de la vie, elle est et sera à jamais la loi de l'éducation.

Qu'est-ce donc que cette éducation de

l'homme qui prétend affranchir l'enfant de la loi de l'obéissance, alors que sa vie entière, alors que la société où cette vie doit se mouvoir, n'est à toutes ses étapes et à tous ses degrés que la perpétuité et l'universalité de l'obéissance? Vous le voyez, c'est une éducation radicalement fausse, puisqu'elle suppose une vie qui n'est pas notre vie et prépare à un avenir qui n'est pas notre avenir ; éducation de la vie égoïste, non de la vie fraternelle ; éducation qui élève pour le désert, non pour la société ; éducation qui jette l'homme dans le faux pour le précipiter dans la contradiction, et par la contradiction à la décadence, si ce n'est à la ruine. Que sera cet être humain élevé dans l'indépendance et pour l'indépendance? Que sera-t-il enfant? que sera-t-il adolescent? que sera-t-il devenu un homme?

Enfant, il aura tous les défauts moins les qualités du premier âge de la vie. Il n'a pas connu la discipline de l'obéissance volontaire, devant lui l'autorité s'est abdiquée, le père s'est fait son *bon ami* et le maître son *bon camarade :* il a commandé à son père et il a gouverné son maître. Le voilà, le mal élevé, qui a fait tout ce qu'il a voulu; regardez-le à dix ans : il est esclave et despote tout ensemble ; esclave de lui-même et despote des autres, il inflige à tous la tyrannie de ses caprices ; il est mutin, arrogant, fier, insolent, provocateur, irascible, furieux quelquefois jusqu'à suffocation : car il faut un jour arriver à un refus : alors cet impuissant ne se contient plus ; il éclate, il frémit, il écume ; il frappe à droite et à gauche sur tout ce qui lui résiste, même sur la matière, si la matière ne lui obéit et ne fait ce qu'il veut : il est méchant, il est féroce ; vous diriez un sauvage.

Sauvage dans l'enfance, que sera-t-il adolescent? Voyez-vous d'ici le coursier plein d'ardeur, bondissant dans la prairie, captif et libre tout ensemble entre les barrières qui le protégent contre sa propre fougue? Impatient de sa captivité, il s'élance en rompant ses attaches par-dessus ses limites ; il court et se précipite sans guide et sans frein à travers les espaces. Pris du vertige de sa nouvelle indépendance, sa tête se trouble et il ne sait où il va : il se heurte aux obstacles, il se déchire aux broussailles, il s'abat dans les ravins et les enfoncements, emporté par des écroulements soudains; là, il tombe harassé, haletant, brisé, sans pouvoir retrouver la liberté de ses mouvements. Il a voulu conquérir l'espace et la liberté; l'espace et la liberté ont conspiré contre lui. Voilà dans une image la jeunesse passionnée qui n'a pas connu ou qui a rejeté le frein modérateur de l'obéissance et de l'autorité. Dominée par sa fougue, elle a voulu échapper à sa propre loi, et elle s'égare par tous ses mouvements; elle se fatigue dans une agitation stérile et une impétuosité dévorante ; et puis elle s'affaisse, elle tombe épuisée, languissante : si tant est qu'elle ne meure dégoûtée d'elle-même et de tout, après avoir jeté au souffle de ses désirs des trésors d'intelligence, d'amour et peut-être de génie.

Et si l'adolescent survit à ces mouvements sans but et à ces emportements sans frein, que sera-t-il parvenu à l'âge d'homme? Il a trente ans ; c'est l'âge où les réalités se découvrent sous les illusions qui tombent. Ah! c'est alors qu'il sent la tromperie douloureuse de cette éducation qui l'éleva dans l'indépendance et pour l'indépendance. Il s'était dit : Lorsque j'aurai trente ans, à mon tour je commanderai. Il croyait, en effet, qu'arrivé à la maturité de l'homme il n'aurait plus qu'à commander ; et la nécessité d'obéir l'étreint de toutes parts. Il espérait tout dominer et s'imposer à tout, tout le domine et s'impose à lui-même ; et l'on dirait que tout conspire à lui donner des ordres, si ce n'est à lui donner des chaînes. Alors cet habitué de l'indépendance s'irrite de la nécessité d'obéir, de dépendre, de se soumettre. Jeune encore, déjà ses habitudes d'indépendance le rendaient misérable ; qu'est-ce, lorsque, ses dépendances venant à se multiplier avec ses devoirs, ses charges et ses ambitions, il s'aperçoit que tout lui résiste ? Qu'est-ce, lorsque cet impatient de tout joug et de tout fardeau, vient à se sentir, selon le mot d'un écrivain, *comme écrasé du poids de cet univers qu'il pensait mouvoir à son gré ?* Bientôt la lave brûlante des haines sociales et des cupidités fratricides bouillonne dans son cœur. Toute la société lui paraît à réformer, à bouleverser, à refaire, jusqu'à ce qu'il ait assouvi sa passion de commander et apaisé dans son âme son horreur d'obéir. Et si cet homme, déjà armé par son éducation contre la société est ainsi constitué : s'il a beaucoup d'imagination et peu de sens commun ; s'il a une tête ardente et un cœur mal fait; si avec tout cela, il est cupide, orgueilleux et jaloux, alors, Messieurs, ce que deviendra cet homme, vous le devinez sans que je le dise. Son éducation fondée sur l'indépendance a menti à la loi de sa vie; lui-même a conspiré à violer avec son instituteur la première loi de son éducation : c'est un mal-élevé ; il a le cerveau troublé, le cœur corrompu, la volonté pervertie ; il ne sait pas obéir : il est digne d'être un grand révolutionnaire ! Si le flot de l'événement l'élève assez haut et le porte assez loin, il s'en ira arracher les royaumes au repos et les peuples à l'obéissance ; et, proclamant la révolte comme le plus saint des devoirs, il ne laissera derrière lui que des populations soulevées comme les vagues d'une mer prête à franchir toutes ses rives, au risque d'inonder la terre d'un cataclysme nouveau.

Ainsi l'éducation de l'indépendance pervertit la volonté humaine et fait avec la dégradation de l'homme le fléau de l'humanité. Il reste à montrer directement comment l'éducation de l'obéissance perfectionne la volonté, et fait avec le progrès de l'homme le progrès de l'humanité.

II

Que l'obéissance soit le perfectionnement et la grandeur de l'humaine volonté, c'est ce qui apparaît tout d'abord comme une contradiction. Il semble, au premier aspect des choses, que la volonté n'étant autre que la faculté de vouloir, plus l'homme veut et fait sa volonté, plus cette volonté s'agrandit et se perfectionne par son propre exercice. C'est la naturelle illusion de l'homme avide d'indépendance ; c'est surtout la séduction de sa jeunesse : faire son propre vouloir, ne reconnaître aucune volonté supérieure à la sienne, se sentir soi-même la seule raison de tout ce que l'on fait, pouvoir mettre à chaque action de sa vie cette signature de souverain : « Moi, j'ai agi parce que j'ai voulu : » c'est là ce que l'adolescent volontiers estime sa grandeur ; et sous ce rapport, que d'hommes ne sont que des enfants, mettant une gloire puérile à commander toujours et à n'obéir jamais ! Faire ce que l'on veut, tout ce que l'on veut, rien que ce que l'on veut : tel est leur secret pour créer des volontés puissantes et de mâles caractères. Ce qu'il y a de vraiment viril dans le volontaire abaissement devant une volonté supérieure, leur échappe ; l'obéissance leur apparaît comme une sorte de suicide moral ; ceux qui en font le serment et en pratiquent l'héroïsme, ils les nomment cadavres : *perindè ac cadaver;* profanant ainsi la langue des saints, et prenant à rebours la métaphore célèbre employée dans leurs discours pour exprimer l'holocauste de la volonté consommé par elle-même.

C'est exactement le contraire qui est la vérité. Jamais la volonté de l'homme n'est plus progressive, jamais sa vitalité n'est plus grande, que quand elle se soumet elle-même avec intelligence et liberté à une volonté supérieure. Et si ces grands apôtres de l'indépendance étaient ici, je leur dirais : Sachez qu'il n'y a rien de plus vivant, rien de plus agissant rien de plus fécond, que ces cadavres, où vous ne soupçonnez que la stérilité, la mort et l'immobilité. Sachez que la vie, la perfection et la grandeur de la volonté sont dans son obéissance même.

Le christianisme qui interprète si divinement la nature en proclamant l'obéissance comme la grande loi de la volonté, la comprend plus divinement encore en posant l'obéissance comme la loi de son éducation et comme le ressort de son progrès. Chose remarquable, le Christ qui s'est constitué dans l'humanité le centre et le principe de toute autorité s'est posé lui-même comme le type et l'idéal de l'obéissance. L'obéissance et l'autorité se rencontrent et s'unissent dans tout le mystère de sa vie. Toutes les manifestations de cette vie sont des actes d'obéissance encore plus que des actes d'autorité. Sa vie de Nazareth, surtout, n'est qu'une obéissance ; un seul mot y abrége son histoire de trente ans : *Erat subditus illis* ; lui, le Créateur, obéissait à sa créature ; lui, Enfant-Dieu, obéissait à une humble femme et à un homme plus humble encore ; et cette obéissance, c'était son progrès lui-même. Ainsi, il croissait en sagesse et en grâce devant Dieu et devant les hommes. Plus tard, quand il monta sur la croix pour y mourir, il obéissait encore : *Factus est obediens usque ad mortem, mortem autem crucis.* L'exaltation finale de sa royauté ne fut que le couronnement de son obéissance : et si cette royauté put voir tout genou fléchir devant elle au ciel, sur la terre et dans les enfers ; si tout, dans ce triple empire, a reconnu son sceptre, l'Écriture nous révèle le secret de ce progrès qui aboutit à l'éternelle glorification du Christ : il avait obéi. Tout était tombé par la désobéissance d'un homme, tout se relevait par l'obéissance d'un Dieu.

Pour le chrétien cherchant sur les vestiges de Jésus-Christ la route du progrès, tout est contenu dans ce divin abrégé : l'homme, comme Jésus-Christ lui-même, ne retrouve toute sa grandeur et toute sa puissance qu'à force d'obéir ; les volontaires abaissements de son obéissance préludent à toutes les glorifications de sa vraie royauté. Mais il n'est pas donné à tous de comprendre le sens divin de ces mots qui abrégent tout dans le christianisme ; il faut donc ici encore creuser les mystères de notre nature humaine, pour en découvrir les harmonies profondes avec la loi du Christ ; il faut vous montrer comment le christianisme en mettant dans l'obéissance le progrès de l'homme et la grandeur de sa volonté, est l'infaillible interprète de notre nature, et comment le secret de la glorification du Christ est partout et toujours le secret de l'élévation de l'homme.

Que doit donner à la volonté de l'homme une éducation vraiment virile ? Elle doit par-dessus tout lui donner ces trois choses : la liberté, la rectitude, la force. Une liberté souveraine, une rectitude inflexible, une force féconde : voilà la volonté parfaite.

Le premier attribut de la volonté humaine, c'est d'être libre et souveraine, et de trouver dans sa souveraineté libre sa vraie dignité. Et voilà tout d'abord ce que produit l'obéissance. Ceux qui ignorent le secret des grandeurs de l'homme estiment que toute soumission est une abdication, toute obéissance une servitude ; pour eux se soumettre c'est déchoir ; obéir, c'est s'avilir. Au nom de la dignité humaine, je proteste contre un principe qui consacre sous le nom de liberté la dégradation de l'homme.

Ce qui caractérise tout d'abord l'éducation qui se fait par l'obéissance, c'est qu'elle est un affranchissement. Pour un homme comme pour une société, et pour un enfant comme pour un homme, la liberté n'est que dans l'ordre, et l'ordre n'est que dans l'obéissance à l'autorité légitime. L'enfant qui sous l'ascendant d'une éducation vraiment libérale grandit dans l'habitude d'obéir, s'affranchit chaque jour de toutes les servitudes qu'enfante la révolte. Car, bon gré mal gré, il faut qu'il obéisse ; il n'a que le choix entre une dépendance et une dépendance : dépendre d'une puissance légitime ou dépendre d'une puissance illégitime. S'il ne se fait obéissant, il faut qu'il se fasse esclave, et se condamne lui-même à toutes les servitudes. Sa volonté ne veut pas de maître et elle multiplie ses tyrans. Il veut être libre, pour conquérir sa liberté il court à l'indépendance : et toutes les tyrannies l'attendent au chemin pour confisquer sa liberté. Au contraire, l'enfant qui obéit à un père et à une mère ; l'enfant qui obéit à un maître portant au front un reflet de l'autorité paternelle et maternelle ; l'enfant chrétien surtout à qui sa foi révèle le Christ dans son père, le Christ dans sa mère, le Christ dans son maître ; l'enfant enfin qui obéit à Dieu en s'inclinant devant l'homme ; ah ! cet enfant est libre ; il est, par l'acte même qui le fait obéir, affranchi de tout ce qui n'a pas le droit de lui commander, et il fait de son obéissance même la protectrice de sa liberté : il est libre du caprice, libre de l'impression, libre de la fantaisie, libre de son orgueil, libre de sa paresse, libre de toutes ses passions ; libre en un mot de toutes les dominations qui, tôt ou tard, finissent par asservir les révoltés, quels qu'ils soient, peuples, hommes ou enfants.

Il est libre, le fils de l'obéissance ; ce n'est pas assez dire, il est souverain : l'obéissance n'est pas seulement l'exercice de la plus généreuse de toutes ses libertés, elle est l'exercice de sa plus haute souveraineté. L'homme est souverain quand il commande à la nature, plus souverain quand il commande aux hommes : mais le suprême degré de sa souveraineté, c'est de se commander à lui-même. C'est ce qu'il fait par l'obéissance. L'homme est roi dans la création ; la volonté est reine dans l'homme ; et quand elle obéit, c'est la souveraineté exerçant sur elle-même le plus sublime empire. L'enfant qui obéit sachant ce qu'il fait, est une volonté qui se commande du plus viril et du plus glorieux de tous les commandements : l'habitude de ce noble exercice, bien loin de l'avilir et de le ravaler, lui donne avec toute la dignité de l'homme je ne sais quoi de royal qui annonce le souverain et l'appelle au commandement. L'homme n'apprend jamais mieux à commander qu'en apprenant à obéir ; la raison qui fait repousser l'obéissance est la même raison qui fait abuser du commandement. Ne dites donc pas : « L'obéissance fait des esclaves, » je vous dis, moi, qu'elle fait des souverains. Que parlez-vous de la servitude de l'obéissance ? de l'avilissement de l'obéissance ?..... Vous oubliez que cette obéissance intelligente et généreuse, celle que doit pratiquer l'enfant pour monter à sa hauteur, n'est pas un prosternement devant l'homme, mais un prosternement devant Dieu. Pourquoi l'enfant à qui je commande, non pour le dégrader, mais pour l'élever, s'arrêterait-il au visage de l'homme? Mon enfant, regardez plus haut. Je suis un homme, il est vrai ; mais quand je viens pour vous donner un ordre, le reflet de Dieu me couvre, et c'est à lui que vous obéissez. N'écoutez pas ceux qui vous parlent d'avilissement et de dégradation : Dieu apparemment est assez grand pour vous donner des ordres sans vous déshonorer. Fils de l'obéissance, disciple de l'éducation qui fait les grands hommes et les chrétiens illustres, continuez d'obéir à Dieu qui vous commande dans l'homme : en obéissant à un tel maître votre volonté ne s'asservit pas, elle s'affranchit ; elle ne s'abdique pas, elle se domine ; elle ne s'abandonne pas, elle se possède ; elle ne s'abaisse pas, elle s'élève ; et bien loin de s'avilir et de se déshonorer, elle emporte le plus grand honneur qu'une volonté humaine puisse conquérir : l'honneur suprême et vraiment souverain de se commander à soi-même.

Que doit donner encore l'éducation à la volonté humaine ? Avec la liberté et la souveraineté, elle doit lui donner la rectitude et l'inflexibilité : être souverainement libre est la première condition ; être invariablement droite, c'est la seconde. C'est à la volonté qu'il appartient de toucher au terme et de conquérir la destinée : donc il faut qu'elle marche droit au bien, droit à la justice, droit à la vérité, droit à Dieu ; donc il lui faut ce je ne sais quoi qui empêche de dévier, de se détourner, de s'égarer : la rectitude. Et parce qu'il ne suffit pas de tendre à la destinée, mais qu'il faut la conquérir ; et parce que commencer ne suffit pas, mais qu'il faut finir ; qu'avancer ne suffit pas, mais qu'il faut arriver : la volonté humaine, pour réaliser son idéal et avoir toute sa grandeur, doit joindre à la rectitude dans ses tendances la fixité dans ses résolutions et la constance dans ses exécutions. Ah ! multipliez dans l'humanité ces volontés simples, dont la rectitude inflexible ne connaît ni les détournements du mensonge, ni les masques de l'hypocrisie, ni les sentiers tortueux du mauvais vouloir, volontés qui vont frapper au bien, comme la flèche va frapper au but ; et puis mettez dans ces volontés si parfaitement droites une résolution que rien n'ébranle, une constance que rien ne lasse, une fermeté que rien ne déconcerte : alors vous aurez des hommes, et l'humanité rehaussée par leur grandeur montera ; car ce qui fait le progrès du monde, c'est, du côté des volontés, la marche dans la droiture et la persévérance dans la marche.

Or ce qui donne à la volonté ces deux prérogatives qui s'appellent et se complètent l'une l'autre, rien n'est plus certain, c'est dans l'éducation la pratique de l'obéissance ; c'est l'action dans la règle. Ici la vérité des choses éclate dans la simplicité des mots. L'obéissance est une équation librement établie entre une volonté et une règle ; et la règle, c'est ce qui est droit, c'est ce qui est juste, c'est ce qui est exact, c'est la rectitude même. Une règle, une loi, un commandement sont supposés une expression de la vérité, de la justice et de l'ordre : c'est un rayon du vrai, un rayon du bien, un rayon de Dieu même montrant la route à la volonté dans les droits chemins de sa destinée. Donc obéir à la règle, à la loi, à l'autorité légitime qui commande, c'est se faire jour par jour, heure par heure, droit comme la règle elle-même; c'est pratiquer le juste; c'est faire en soi la rectitude. Aussi, Messieurs, lorsqu'un enfant a grandi dans l'habitude d'obéir, la droiture lui devient comme naturelle : il lui faut un effort pour deviner ce qui est tortueux ; l'humanité mal élevée recèle dans son cœur des mensonges et dans sa pensée des détours qu'il ne sait pas même soupçonner, et que le contact du mal lui révélera trop tôt ; il aime le bien comme son regard la lumière; il le cherche comme sa poitrine respire ; il se tourne tout droit vers lui comme l'aimant vers son pôle, et il dit : Allons le conquérir.

Et l'obéissance qui donne à la volonté de l'enfant cette rectitude qui ne fléchit ni à droite ni à gauche, est en même temps ce qui lui donne cette fixité que rien n'ébranle et cette constance que rien ne lasse. La volonté qui obéit au caprice, à la fantaisie, à l'impression, n'a pas de raison pour se perpétuer :

comme le caprice, comme la fantaisie, comme l'impression, elle change avec le souffle qui passe ; elle se dément, elle se contredit, elle se détruit elle-même à toute heure avec une volubilité, une légèreté, et une incertitude qui ne permet plus même de fonder sur elle une résolution, un dessein, une exécution quelconque ; parce que rien, absolument rien ne peut plus garantir que la volonté d'hier est la volonté d'aujourd'hui, et que la volonté d'aujourd'hui sera encore la volonté de demain : volonté fébrile qui va et vient d'une résolution à une résolution ; qui veut et qui ne veut plus ; qui avance et qui recule ; qui se se précipite par bonds d'une extrémité à l'autre sans pouvoir s'arrêter à un point fixe, et marcher avec constance à un but déterminé : volonté d'enfant, qui veut ce qu'il n'a pas, rejette ce qu'il a voulu, et redemande avec cris ce qu'il a rejeté.

Au contraire, l'enfant qui ne veut qu'obéir a une raison décisive de vouloir aujourd'hui ce qu'il voulut hier, et de vouloir encore demain ce qu'il veut aujourd'hui. Ce qu'il veut, c'est ce que commande la règle, et la règle est fixe ; elle emprunte à la justice et à Dieu dont elle émane quelque chose d'immuable. Les passions changent, les caprices changent, les impressions changent ; la règle ne change pas, et la volonté qui lui obéit participe à son invariabilité. La règle d'ailleurs vînt-elle à se modifier sous une autre autorité et un autre commandement, il y a une chose qui dans l'enfant obéissant demeure et ne change pas : la volonté d'obéir ; là est sa détermination absolue, sa résolution constante, sa volonté fixe ; dans la variété des actions qu'il pose, il n'apporte qu'une volonté toujours identique et égale à elle-même, la volonté de faire la règle. Là est dans sa rectitude son inébranlable constance, et dans la multiplicité de ses actions l'invariable unité de son vouloir.

Ah ! sans doute même dans cette vie de l'obéissance, il y a une région d'inévitables changements : là comme en toute vie humaine, la lumière et l'ombre, le soleil et les nuages, le calme et la tempête, passent et repassent, se succèdent et varient comme les phénomènes du monde matériel : mais plus haut que cette région des changements, il y a un lieu serein où le changement ne monte pas ; le lieu où la volonté habite, et d'où, dominant toutes les agitations et tous les soulèvements de son royaume inférieur, elle dit dans l'inaltérable majesté de son calme et l'invariable détermination de son vouloir : Je veux obéir. Il est vrai, l'orage n'est pas loin et, sous le sceptre de ma volonté royale, j'entends mes passions qui crient : « Nous n'obéirons pas : *Non serviam :* l'autorité nous pèse ; le commandement nous importune ; la règle avec son immobilité nous fatigue et nous tue. A nous la liberté ; à nous l'indépendance ; à nous le changement ; à nous le règne du caprice et de la fantaisie. » Oui, le fils de l'obéissance, même le plus fidèle, entend au fond de sa vie la voix de ces révoltes qui appellent le changement ; mais il regarde le ciel d'où le commandement lui vient dans la parole d'un maître ou dans la formule d'une règle, et il dit aux passions agitées dans son cœur comme les flots de la mer : « Vous pouvez vous remuer et vous remuer encore ; vous pouvez changer sous chaque vent qui vous touche ; moi je ne changerai pas : la règle, et c'est assez ; je veux obéir. Parlez Seigneur, parlez ; parlez-moi par mon père ou parlez-moi par ma mère ; parlez-moi par mon prêtre ou parlez-moi par mon pontife ; parlez-moi par mon maître ou parlez-moi par mon roi : je veux obéir, c'est ma résolution constante. Et si en moi tout peut changer, parce que je suis faible, rien ne changera cette immuable volonté, qui est le gage de ma rectitude et de ma liberté, et qui me garantit avec elles la force et la fécondité.

La force ! la force féconde et créatrice, voilà la troisième chose que l'éducation doit donner à la volonté de l'enfant. De quoi s'agit-il par-dessus tout dans la formation de l'homme ? Il s'agit de faire un être fort. La force est la grande prérogative de l'homme : la force est le signe de sa royauté et le sceau de sa destinée : la force entre si profondément dans le caractère de l'homme, qu'elle lui a donné son nom : *vir*, un homme, cela veut dire la force, l'énergie, le courage, la puissance. Otez de la vie humaine le ressort de la force morale ; vous avez encore le semblant d'un homme, le simulacre d'un homme, mais vous n'avez plus l'homme ; vous avez un être avorté ; un je ne sais quoi qui n'a plus de nom dans la langue des peuples, parce qu'il n'a plus de rang dans la hiérarchie des êtres.

Et voilà, Messieurs, je le dis sans amertume et sans dédain, voilà la grande misère morale de notre temps : les hommes manquent à la société, parce que la force manque aux hommes ; et la force manque aux hommes parce que l'obéissance a manqué aux enfants. Qu'est-ce, en effet, qui crée des volontés fortes, de mâles caractères, des hommes enfin ? C'est l'habitude virile d'une généreuse et libre obéissance. L'indépendance prématurée ne fait pas l'homme, elle le défait. Fiers d'une souveraineté précoce, nous voulons être hommes avant l'âge ; nous sommes enfants dans la saison de l'homme. Ainsi la nature châtie notre folie et venge la Providence. Hommes à quinze ans, mais enfants à quarante ; *vieux enfants et petits hommes :* voilà le fruit de cette éducation soi-disant libérale, qui met la virilité dans l'indépendance, c'est-à-dire la force dans la faiblesse même : ce n'est pas un enfantement, c'est un avortement.

Ah ! l'homme fort, celui qu'il faut, pour le bien nommer, appeler véritablement un homme, ce n'est pas celui qui a brisé avant l'heure, pour trouver une liberté sauvage, le joug de toute autorité ; c'est celui qui a donné à sa vie encore jeune le volontaire ressort de son obéissance. Le ressort ! voilà, Messieurs, le mot qui explique tout ce mystère de la force et de la virilité. L'obéissance est la force, parce qu'elle est un ressort : ressort intelligent et libre, qui se comprime volontairement, et par cette libre compression se donne à lui-même la force de l'expansion. Dans le monde matériel, toute expansion est égale à la compression ; et, sauf la liberté qui distingue la force humaine, cette formule qui exprime la force physique dans la nature, exprime avec la même exactitude la force morale dans l'homme. L'obéissance refoule, l'obéissance comprime ; mais elle refoule volontairement elle comprime librement : compression virile, refoulement courageux, qui suppose la force et la multiplie en l'exerçant.

Ah ! faites ainsi, Messieurs ; sous l'action suave, mais forte de la plus légitime des autorités, assouplissez par un commandement qui sait se faire obéir la volonté de vos enfants ; comprimez-la doucement non pour la briser, mais pour la fortifier ; pliez-la non pour l'amollir mais pour l'assouplir ; domptez-la, s'il le faut, comme un coursier qui frémit, par l'ascendant de votre caractère, le calme de votre force et la fermeté de votre attitude ; que cette gymnastique morale se répète chaque jour et dure de longs jours : cette enfance prolongée, cette lente mais vigoureuse croissance est le pronostic d'une virilité puissante et d'une maturité féconde. Et quand l'heure aura sonné de lui diminuer ou de lui ôter tout à fait le frein de l'obéissance pour le livrer tout entier au gouvernement de lui-même ; quand la Providence vous aura fait signe d'ouvrir la carrière à cette volonté déjà ambitieuse de se créer dans sa sphère un légitime empire, oh ! alors vous verrez ce que c'est que d'avoir obéi pour apprendre à commander aux hommes et à gouverner les choses.

Alors cette force qui s'est longuement et

fortement trempée elle-même au dedans par l'énergie de ses luttes, éclatera au dehors dans la grandeur et la beauté de ses œuvres; elle se révélera puissante et féconde. Le monde ému au spectacle d'une force qui prend tout à coup et avec tant d'aisance son rôle dans la société et son ascendant sur les hommes, contemplera avec admiration la puissance que donne une volonté assouplie par le ressort de l'obéissance. Alors ceux qui n'ont pas le sens de ce mystère diront avec surprise en le voyant venir : *Quis est iste ?* Quel est ce jeune homme, qui hier encore ne savait qu'obéir et paraissait la faiblesse même, et qui aujourd'hui semble fait tout exprès pour commander? Quel est cet enfant, qui à vingt ans, sans prétention et sans arrogance, se présente dans l'attitude de la virilité consommée? *Quis est iste qui venit ?* Quel est cet homme de caractère, cet homme d'initiative, cet homme de résolution, cet homme d'action, cet homme de courage, ce héros, ce géant qui marche et s'avance si majestueux et si prompt dans la plénitude de sa force, *gradiens in multitudine fortitudinis suæ ?* Alors ceux qui l'auront vu, docile et doux, porter sans murmurer et sans fléchir le joug affranchissant de la libre obéissance ; ceux surtout qui auront travaillé à façonner son caractère, et qui auront mis à ses désirs impétueux, mais soumis, le frein qui a donné à son vouloir le ressort et la force ; ah ! ceux-là diront : C'est un fils de l'obéissance ! Il a obéi, c'est un homme ; il a obéi, c'est un vainqueur ; il a obéi, c'est un dominateur ; il a obéi, c'est un triomphateur : vainqueur de ses passions, dominateur de sa volonté, triomphateur de lui-même, il ira désormais de conquête en conquête, et il racontera ses victoires : *vir obediens loquetur victorias*. Ce n'est pas d'aujourd'hui qu'il gagne des batailles ; il y a dix ans qu'il remporte des triomphes, triomphes plus glorieux, combats plus difficiles que tous ceux d'Alexandre : car il y a dix ans qu'il triomphe de lui-même et qu'il dompte ses passions. Fort contre ses ennemis du dedans, il sera plus fort contre les ennemis du dehors ; aguerri au plus âpre des combats, il brisera toutes les résistances ; sa vie racontera ses victoires, ses victoires raconteront sa force, et sa force elle-même attestera par ses triomphes le bienfait d'une éducation virile et la puissance féconde de l'obéissance.

Voulez-vous que toute la lumière de mon discours se condense et se réfléchisse avec éclat dans une figure illustre? Écoutez. Il y a trois siècles, Dieu se préparait à l'accomplissement d'un grand dessein; il allait donner à la catholicité un monde nouveau. Tandis que Luther brise de sa main sacrilége quelques rameaux du grand arbre catholique, Dieu veut porter sa séve toujours jeune à l'extrême Orient; les Indes et le Japon vont tressaillir au contact de la vie catholique. Pour l'accomplissement de ce dessein, il faut un homme, un homme tel que nous l'avons montré tout à l'heure : un homme fort, un homme héros, un homme géant. Qui enverrai-je, a dit le Seigneur? *Quem mittam?* Un homme a répondu : Me voici, envoyez-moi : *Ecce ego, mitte me.* Que fait cet homme? J'abrége une héroïque histoire. De l'extrême Occident à l'extrême Orient, il s'élance comme un géant pour fournir sa carrière : *exultavit ut gigas ad currendam viam.* Il s'élance plus loin que Cyrus, plus loin qu'Alexandre, plus loin que Pompée, plus loin que tous les conquérants. Dieu lui avait prédestiné dix ans. Et en dix ans, qu'a-t-il fait ? Il a parcouru dix-huit mille lieues ; il a converti plus de dix millions d'hommes ; il a prosterné dans l'adoration du Christ cinquante rois de la terre : et après dix ans, il est mort dans l'humilité, orné des plus grandes conquêtes, et, de ce rivage où Dieu l'arrêtait, rêvant des conquêtes plus grandes encore. Lui qui ne cherchait que l'anéantissement, il a trouvé un nom illustre parmi les plus illustres ; il a fait des miracles de force, de puissance et de fécondité qui déconcertent l'humaine raison, et que la nature regarde avec étonnement.

Qu'avait fait cet homme pour susciter en lui cette force surhumaine, ce courage héroïque, cette expansion apostolique devant laquelle le monde entier se trouva petit ? Qu'avait-il fait ?... il avait obéi. Soldat d'une jeune légion sortie armée de pied en cap de la fécondité immmortelle de l'Église catholique, il avait entendu la voix de son capitaine : « Allez au bout du monde ; tandis qu'un moine en révolte montre par ses ravages le fruit de l'indépendance, allez, montrez ce que peut pour glorifier Dieu et sauver l'humanité un homme armé de l'obéissance. »

Telle apparaît dans ses plus grandes proportions la force de l'obéissance : une force qui fonde, une force qui sauve, une force qui régénère ; tandis que la force qui vient de la révolte apparaît dans toutes les sphères ce qu'elle est de sa nature, une force qui renverse, une force qui ravage, et pour le moins une force stérile. Donc, si vous voulez pour la société qui s'élève une génération virile, forte, féconde, créatrice ; que vos fils avant tout soient des fils d'obéissance ; qu'ils puisent dans le sens de votre autorité le besoin de vous obéir, et que la pratique de cette obéissance, qui est la loi de leur vie et de leur éducation, devienne le secret de leur force et le ressort de leur puissance.

CINQUIÈME CONFÉRENCE

CINQUIÈME CONFÉRENCE

LE PROGRÈS DANS L'ÉDUCATION

PAR LE RESPECT CHRÉTIEN.

Messieurs,

Le plus grand honneur de l'homme, le signe le plus authentique de sa virilité, c'est la perfection de sa volonté. Or, ce qui perfectionne la volonté de l'homme, c'est l'obéissance de l'enfant ; c'est dans le travail de son éducation la pratique généreuse et constante de cette formule : apprendre à obéir. L'obéissance est la loi indéclinable de toute vie humaine : l'enfance, l'adolescence, l'âge mûr sont soumis à son inévitable empire. L'éducation de l'indépendance rêvée par des sophistes est une éducation radicalement fausse, et par suite nécessairement dégradante, parce qu'elle viole la souveraine loi de la vie. Au contraire l'éducation de l'obéissance est une éducation essentiellement progressive, parce qu'elle est l'expression fidèle de la première loi de la vie ; elle donne à la volonté ces trois choses qui font sa grandeur et sa puissance : une liberté souveraine, une rectitude inflexible et une force féconde qui prépare l'homme aux grandes créations et aux grandes victoires. C'est que cette obéissance qui fait des hommes forts, ce n'est pas une obéissance de caserne ou de corps de garde ; c'est une libre et royale obéissance, ressort vivant par lequel la volonté, se comprimant librement elle-même, se donne une expansion égale à sa compression, et se prépare des triomphes visibles proportionnés à ses luttes invisibles.

Ainsi, apprendre à croire pour développer l'intelligence ; apprendre à aimer pour développer le cœur ; apprendre à obéir pour développer la volonté : tels sont les trois éléments primitifs de toute éducation légitime. Il y a une quatrième chose que doit apprendre l'école de toute généreuse éducation, une chose qui tient à la fois aux trois autres et qui s'en distingue cependant, une chose dont le naturel effet est d'élever l'âme tout entière : apprendre à respecter.

Le respect est, après la religion, le plus sublime sentiment de l'âme humaine. Lorsqu'une supériorité se découvre, et qu'une majesté se montre à une âme assez grande pour la reconnaître et pour la sentir, il se fait en elle une impression généreuse qui a besoin de se produire comme un hommage rendu à cette grandeur reconnue et sentie par elle-même. La grandeur, en se posant devant elle, lui dit dans son silence : Me voici, me reconnais-tu? Et l'âme répond en s'inclinant : « Oui, je vous reconnais; et ce que j'éprouve sous votre regard d'où la majesté descend sur moi, ce n'est pas ce que j'exprime par ce mot : je crois; ni par ce mot : j'aime; ni par ce mot : j'obéis; ni par ce mot : je crains; ni par ce mot : j'admire; c'est un je ne sais quoi composé de tout cela, et que je traduis par cette parole, la seule qui rende bien la révélation que vous me donnez de vous-même : je vous vénère, je vous respecte. »

Le respect, vous le voyez, n'est ni un acte pur de l'intelligence, ni une simple émotion du cœur ; il est un sentiment de l'âme devant la majesté présente ; c'est la grandeur répondant à la grandeur, et s'attestant elle-même en la reconnaissant. Le respect ainsi compris a pour se produire des formes et des nuances infinies ; mais sous toutes ses nuances et sous toutes ses formes, il demeure partout identique à lui-même, à savoir : une impression de la grandeur, un sens de la supériorité reconnue au dedans, avec un besoin de l'attester au dehors par des hommages visibles, qui constituent ce qu'on nomme le culte du respect. Telle est la notion essentielle du respect et l'idée mère de tout ce discours. Celui qui respecte se sent en face d'une majesté ; réelle ou imaginaire la grandeur lui apparaît ; à défaut de la réalité présente, il en honore l'image ; son hommage est déposé aux pieds de la statue ; et si la représentation est fausse, le respect n'en monte pas moins à la grandeur elle-même.

Je ne sais si je m'explique assez clairement pour tous. Le respect est comme la componction, on le sent mieux qu'on ne le peut définir. Lorsqu'on a reçu une fois dans sa vie ce coup délicat et profond que porte en toute âme bien née le regard d'une majesté présente, on n'a plus besoin de demander à la parole la définition d'une chose dont on a connu en soi le mystère vivant.

Quoi qu'il en soit, continuant de chercher avec vous dans le christianisme le secret du progrès de l'homme par celui de son éducation, je vais essayer de montrer comment le christianisme produit le véritable respect dans les enfants ; et comment ce respect, à son tour, produit la véritable élévation des âmes.

I

Un homme éminent a écrit un mot qui a conquis une assez grande célébrité venant de la bouche qui le prononçait ; il a dit avec une haute raison et une impartiale justice : « Le catholicisme est la plus grande école de respect qui soit au monde. » Prononcée par nous du haut d'une chaire catholique, cette parole eût paru si ordinaire qu'on l'eût à peine remarquée ; mais venant d'un homme du monde rallié à un autre drapeau religieux, ce mot a fait une rare fortune ; et il a une portée qui ne vous peut échapper. Il s'agit de justifier cette parole, et de vous montrer dans sa pleine lumière la vérité qu'elle exprime.

Pourquoi le catholicisme est-il la plus grande école de respect? Parce qu'il est la vraie religion, la plus grande religion qui soit sur la terre. La religion est ce qui donne le plus à l'âme humaine l'impression du respect : et le catholicisme est ce qui y fait pénétrer le plus la religion et avec elle les respects qu'elle inspire pour Dieu, et pour tout ce qui, de près ou de loin, vient se rattacher à Dieu.

Il y a entre la religion et le respect une affinité si profonde, que pris à une certaine élévation, le respect vient se confondre avec la religion elle-même. Le premier acte qui met l'homme en rapport avec la Divinité, ou le premier acte religieux, c'est l'adoration ; et qu'est-ce que l'adoration, si ce n'est la suprême expression et le dernier terme du respect ? L'adoration vraie est le plus profond prosternement de l'homme devant la plus haute grandeur dont l'âme humaine puisse avoir la révélation et le sentiment. C'est l'homme voulant en quelque sorte s'anéantir lui-même devant l'infini, dont la majesté se fait sentir à son âme : sens vraiment religieux, qui n'est autre que le rapprochement de Dieu venant toucher le fond de l'âme humaine, et de l'âme humaine sentant le contact de Dieu. Or il est manifeste que cette adoration, ce prosternement, ce sens de l'infini qui nous touche, n'est pas autre chose que le sentiment de la grandeur reconnue, c'est-à-dire, le respect tel que nous l'avons défini, mais le respect élevé à sa plus haute puissance. Le respect est un commencement d'adoration ; et l'adoration est la consommation du respect ; c'est la reconnaissance et le sentiment de cette grandeur qui renferme toutes les grandeurs, et qui rend tous les autres êtres plus ou moins vénérables en y mettant plus ou moins éclatante une image d'elle-même.

Tel est le principe éternel de tous les respects descendant de Dieu même au fond de l'âme humaine. Ainsi se découvre cette parenté sacrée qui unit la religion et le respect, et les fait remonter l'une et l'autre et l'un par l'autre à leur source commune, c'est-à-dire à l'infini, pour en redescendre sous des apparitions diverses sur l'humanité qui se prosterne devant Dieu, alors même qu'elle paraît ne se prosterner que devant l'homme. Pour avoir la raison dernière du respect dû aux choses, et surtout du respect dû aux hommes, il faut remonter jusque-là. Dieu seul est la raison du respect qui s'attache aux choses descendues de lui; et toutes les fois que l'homme s'est dépouillé devant l'homme du reflet de Dieu, jamais il n'a pu parvenir à conquérir pour lui-même et par lui-même des respects sincères. C'est que le respect, à le bien définir, n'est que la reconnaissance sympathique des plus belles et des plus grandes images de Dieu dans la création. Quand le rayon de Dieu tombe des visages; quand l'image de Dieu s'obscurcit dans les hommes, et quand le vestige de Dieu disparaît dans les choses:

alors les respects s'en vont; parce que le respect n'a plus de raison d'être lorsque la majesté s'enfuit, et que la majesté sur la terre n'est que l'image de Dieu dans ses créatures.

Voilà pourquoi la religion est dans l'humanité la grande école du respect. La religion est, par sa nature même, un commerce efficace avec l'infini; et prosternant les âmes devant la première de toutes les majestés, elle fait descendre sur nous le respect, en nous montrant dans tout ce qui a droit à nos hommages des représentations de Dieu. C'est le profond travail de l'éducation religieuse de créer le respect dans l'âme des enfants, en leur découvrant, partout où elles se posent devant lui, ces représentations et ces images de Dieu, seules capables de commander nos respects en nous donnant le sens de la vraie grandeur. Aussi, avec quelle sollicitude elle montre à l'enfant tout ce qui raconte ou représente Dieu! Elle le lui montre partout dans l'univers, oui partout: et dans les splendeurs du ciel, et dans les spectacles de la terre, et dans l'immensité des mers, et dans le bruit de l'orage, et dans le souffle des brises, et dans le parfum des fleurs, et dans la fraîcheur des matins, et dans l'éclat des jours, et dans le sérénité des soirs, et dans la majesté des nuits ; partout et toujours elle fait parler la création à l'âme de l'enfant, pour lui enseigner Dieu et lui découvrir dans ses plus grandes magnificences des rayons de l'éternelle grandeur : car le monde entier est une parole et une lumière ; une parole prononcée par le Verbe pour le raconter ; une lumière créée par lui pour le montrer lui-même à toute créature.

Mais c'est surtout dans le monde moral que l'éducation religieuse découvre à l'âme de l'enfant les plus majestueuses représentations de Dieu, et provoque ses plus profonds respects : elle le conduit, de sphère en sphère, à travers le monde vivant où Dieu a jeté de lui-même les plus splendides reflets ; et lui montrant partout dans les hommes, dans les institutions, dans la société, dans la religion et dans la patrie, les supériorités qui le dominent de toutes parts, elle lui dit : Enfant, voici la représentation de Dieu, le vestige de Dieu, le rayonnement de Dieu : il faut respecter ; et il respecte : il faut s'incliner ; et il s'incline. L'enfant ne comprend pas qu'on refuse un hommage à ce que la religion lui montre descendant de si haut, pour entrer dans son âme et y commander ses respects.

Mais il faut aller plus loin : car nous n'avons pas seulement à montrer que le respect a sa vraie source dans la religion prise en général ; nous avons à justifier cette parole dite par un protestant, pour le plus grand honneur de notre religion : « Le catholicisme est la plus « grande école de respect qui soit au monde. » Quelle qu'en soit la dernière raison, c'est un fait que toute éducation qui ne s'inspire que de la religion dite naturelle n'arrive pas, ou n'arrive que médiocrement au résultat que nous cherchons. Cette religion a tout à la fois pour les pères, pour les mères, pour les instituteurs et pour les enfants eux-mêmes, l'inconvénient de rester à peu près à l'état de chose abstraite et inefficace. Dieu tient toujours peu de place dans les âmes dont la religion ne s'inspire que de la nature et ne relève que de la raison ; et l'éducation qui se fait sous sa seule influence, a peu d'efficacité pour créer le respect. C'est que la religion naturelle, même la meilleure, ne rend pas Dieu assez palpable à l'âme des enfants, et que dès lors elle est impuissante à y produire ce sens profond de Dieu, racine première de tous les vrais respects qui pénètrent l'âme humaine.

Et voilà ce qui explique radicalement pourquoi le catholicisme a une incomparable puissance pour créer le respect : c'est qu'il est de toutes les religions celle qui rend Dieu plus présent et plus sensible dans l'humanité ; il est la plus complète et la plus intime communion avec Dieu ; il est, au sens le plus vrai, la religion de l'*Emmanuel*, de Dieu avec l'homme, et de l'homme avec Dieu. Dans le vrai christianisme, ce n'est plus seulement un vestige de Dieu, un reflet de Dieu, une ombre de Dieu que l'éducation découvre à l'âme des enfants ; c'est Dieu lui-même avec sa majesté invisible mais présente, venant se poser devant son âme pour recueillir ses respects. A Bethléhem, au Calvaire, à l'autel : Dieu incarné, Dieu immolé, Dieu donné ; c'est toujours Dieu présent par Jésus-Christ Notre-Seigneur ; et partout le catholicisme nous crie par la voix des chants, des cérémonies et du temple tout entier : « Voilà Dieu ; prosternons-nous : Dieu est ici; il faut adorer Dieu qui réside dans ce temple, il faut respecter ce temple qui renferme Dieu. » On ne comprendra jamais tout ce que le temple chrétien dans lequel la majesté de Jésus-Christ présent plane sur le peuple prosterné, fait germer de respects au sein des générations, et surtout au cœur des enfants élevés dans un vrai christianisme.

Ce sens de Dieu présent que l'enfant catholique puise dans le temple où habite le Christ vivant, il le puise encore plus dans les sacrements et dans les mystères où Dieu vient de plus près toucher à son âme et le pénétrer de sa vie. On a dit, ici même, qu'une grande source de respect dans le catholicisme, c'est la confession. Qui ne voit, en effet, tout ce que produit de respect dans une âme que le repentir et l'humilité prosternent ensemble, cette bénédiction du prêtre laissant à celui qui la reçoit l'impression de son Dieu? L'enfant qui a l'intelligence de ce qui s'accomplit en lui sous cette bénédiction ne peut plus mépriser qu'une chose, le mal qu'il vient de couvrir de ses larmes et de son repentir. Et quand il se relève de ce prosternement volontaire qui le réhabilite devant lui-même, et le fait si grand devant Dieu, il a pour toute grandeur légitime et pour toute sainte majesté des respects transfigurés qui vont d'eux-mêmes à leur rencontre.

Mais il s'en faut bien que la confession soit la seule source chrétienne où l'éducation va puiser les respects, pour en abreuver l'âme de vos enfants. Tout ce qui dans le christianisme la met en rapport intime et en communion efficace avec Jésus-Christ, agrandit ses respects dans la mesure même où cette communion s'accroît et s'agrandit. Tous les sacrements ont leur part relative dans cette création du respect ; mais la plus profonde impression de respect dans l'âme d'un enfant, si vous voulez savoir quand elle se produit, je n'ai qu'à vous dire : Souvenez-vous ; oui, souvenez-vous de ce jour radieux entre tous vos jours, alors que votre âme revenait de l'autel où elle avait senti le premier contact de Dieu : oh ! alors, quel sens de Jésus-Christ en vous ! quel respect de sa majesté ! quelle adoration de sa divinité ! Les chérubins suspendus sur le tabernacle, dans l'attitude d'un recueillement et d'un respect qui ne sont pas de la terre, représentent à peine à nos yeux les respects invisibles qui saisissaient votre âme adorant Dieu présent en elle, comme en son tabernacle. Quiconque ne peut comprendre ce qu'une âme d'enfant bien préparée à la première consommation de ce mystère de Dieu en lui, y puise de respect pour tout ce qui est grand et saint, manque de ce sens supérieur qui saisit les grandes choses et fait les âmes élevées ; et il n'y a qu'à prier Dieu de ressusciter en lui ce sens évanoui de la vraie grandeur, qui périt à l'école de l'irréligion et de l'impiété, la plus grande école du mépris qu'il y ait sur la terre.

Tel est le grand et simple secret de Jésus-Christ pour élever les enfants dans le respect ; il touche le fond de l'âme humaine ; il y fait retentir par la voix de ses mystères cette hymne céleste de l'*Emmanuel*, qui chante la présence de Dieu dans l'homme ; il y agrandit et y développe le sens de Dieu en y grandissant et s'y développant lui même ; il lui donne, avec l'onction de l'amour et de la suavité, le sacre de la grandeur et l'honneur du respect.

Et cependant là ne se borne pas encore l'action de l'éducation chrétienne pour créer le respect. Comme elle montre en Jésus Christ présent la majesté de Dieu, elle montre dans l'Église visible la majesté de Jésus-Christ ; et cette majesté de Dieu, en se posant au front de cette mère divine pour rayonner sur les âmes, les couvre d'un reflet plus doux. Mélange exquis de grandeur et d'amour, de force et de suavité, en nous venant directement de Jésus-Christ cette majesté suscite un respect qui ressemble davantage à celui de la paternité ; en nous venant directement de l'Église elle provoque un respect qui ressemble davantage à celui de la maternité : respect d'une mère, mais d'une mère divine, en qui la majesté rehausse l'amour et en qui l'amour tempère la majesté. C'est une grande fonction de l'éducation catholique d'accoutumer les enfants à s'incliner volontairement devant cette douce majesté, dans laquelle le respect et l'amour se confondent si bien qu'on ne sait lequel des deux l'emporte dans le cœur des enfants, où ils produisent en s'unissant ce sentiment délicieux qui est une nuance du respect, et qu'on appelle la *vénération*. Qui voudrait nier la force et la délicatesse infinie de l'action de l'Église pour créer le respect dans les âmes, nierait le soleil en son midi, et ne démontrerait bien que son aveuglement.

Ce culte populaire du respect que produit l'Église en se faisant vénérer elle-même, n'est pas dans l'éducation chrétienne une vague abstraction : cette vénération s'adresse à des personnes augustes qui représentent le Christ, et portent dans des mesures diverses la majesté qui émane de lui ; et cette majesté du Christ personnifiée dans des hommes, descend du sein de Dieu au plus intime de l'âme des enfants par les dignités hiérarchiques, constituées pour rendre par le dehors ainsi que par le dedans Dieu palpable à l'âme humaine.

Lorsqu'au bruit des catastrophes qui ébranlent la terre de toutes parts, l'enfant, regardant autour de lui, ne rencontre partout que des majestés qui s'affaissent et des grandeurs qui tombent; et lorsque ces grandeurs, naguère encore environnées de tant d'hommages et défendues par tant de respects, semblent tout à coup disparaître à ses yeux et s'évanouir dans des écroulements et des ruines qui n'espèrent pas de résurrection : l'éducation catholique lui découvre au plus haut sommet de la hiérarchie chrétienne une majesté qui semble grandir par ses abaissements, et monter sur ses propres ruines comme sur un piédestal ; une majesté élevée si haut dans le monde des âmes, que les âmes lui envoient des quatre vents du ciel, à travers les mépris qui essayent de l'humilier, une vénération qui ne sait pas tarir ; une majesté qui n'apparaît jamais plus céleste, plus divine, plus vénérable que quand les hommes manquent à sa défense, et que la terre de tous côtés semble fuir sous ses pieds ; une majesté si imposante encore, alors même que tout conspire à la découronner de son prestige, qu'elle n'a qu'à dire une parole et à faire un signe, pour tenir les peuples dans le saisissement et les rois eux-mêmes dans l'attente. C'est devant cette majesté, demeurée dans le monde des âmes universelle et suprême, que nous prosternons dans le respect et l'amour l'âme et le cœur des enfants, heureux de saluer d'incomparables hommages cette incomparable grandeur. Aussi, lorsque tournant du côté de Rome ces âmes qui ont faim et soif de vénération, nous leur montrons de loin ce vieillard, au milieu des tourmentes sociales, plus affermi sur la parole qui le porte que le rocher au milieu d'une mer en furie, nous leur disons : Enfants voilà le père des âmes ; voilà le vicaire de Dieu : ah ! croyez-le bien, ces enfants se prosternent, ils honorent, ils vénèrent : ils sentent au plus intime de l'âme la plus profonde impression de respect ; ils ont vu dans l'humanité la plus grande image de Dieu. Et ce docteur de la vérité, et ce père des âmes, et ce vicaire du Christ, et ce roi de la catholicité, du haut de la chaire de Pierre où il est assis depuis bientôt vingt siècles, c'est lui qui fait sur la terre la grande école du respect : école sans pareille, où il y a, pour enseigner le respect aux hommes, la plus grande apparition de Dieu ; pour pratiquer cet enseignement, deux cents millions d'âmes ; et pour l'entendre, le monde entier !

Mais, pour compléter l'éducation du respect, qui est non-seulement de tous les jours, mais de toutes les heures, ce n'était pas assez de cette grandeur lointaine dont la plupart n'ont pas le bonheur de contempler le visage et d'entendre la voix. Il fallait que cette majesté de Dieu, se rapprochant de plus en plus de l'âme des enfants, vînt par des personnes vivantes la toucher d'aussi près que possible. Voilà pourquoi après le Pontife il y a l'évêque; et au-dessous de l'évêque, le pasteur, le prêtre, le prêtre chargé par sa fonction même de mettre ces âmes d'enfants en contact immédiat avec la dignité du Christ, et de susciter en elles sous le seul ascendant de la puissance morale, des respects d'autant plus profonds qu'ils remontent plus haut, et s'adressent à Dieu même en s'inclinant devant l'homme.

Aussi, c'est un fait d'universelle expérience: l'enfant bien élevé trouve dans son cœur, même sans la chercher, avec l'adoration de Jésus-Christ, la vénération du prêtre : il salue sa dignité divine, il vient baiser sa main consacrée et s'incliner sous sa bénédiction. La pensée ne lui vient même pas que s'abaisser de la sorte puisse être une humiliation. Lorsqu'il a respecté le prêtre, et que le prêtre l'a béni, il se sent meilleur pour avoir vénéré, plus grand pour s'être incliné ; et la paternité et la maternité ressentent le bénéfice de ces hommages rendus au prêtre. Jamais ils ne reçoivent de leurs enfants un amour plus respectueux et une vénération plus affectueuse, que quand ces enfants ont rendu eux-mêmes à tous les représentants du Christ des hommages plus volontaires et des respects plus profonds !

Ainsi, vous le voyez, Messieurs, pour se faire sentir à l'âme de l'enfant et y créer des respects qui ont, sous des formes diverses, une commune origine, la majesté de Dieu s'y découvre dans deux sphères distinctes mais unies ; dans l'ordre naturel et dans l'ordre surnaturel. Ces deux communications de la dignité divine viennent se rencontrer et se multiplier l'une par l'autre dans les deux dignités humaines en contact immédiat avec l'enfance, dans la dignité paternelle et la dignité maternelle. Même dans l'ordre naturel et à la lumière de la seule raison, le père et la mère sont à l'âme de l'enfant des représentations de la dignité divine. Dieu est la cause et la dignité première; eux sont la cause et la dignité seconde; donc, les respects que l'enfant rend à Dieu rejaillissent sur eux pour les rendre plus vénérables; comme ceux qu'il leur rend directement à eux-mêmes remontent jusqu'à Dieu. Mais ce qui fait Dieu pour l'enfant plus visible dans son père et dans sa mère, c'est la dignité qui descend sur eux de la majesté de Jésus-Christ. Déjà augustes et vénérables aux yeux de leurs enfants, ils reçoivent de Jésus-Christ qui les consacre une vénérabilité de plus. Comme ils relèvent de Dieu par Jésus-Christ, père du siècle futur, ils relèvent de Jésus-Christ par l'Église, mère divine de l'humanité; et cette investiture doublement sacrée leur communique un accroissement de dignité qui multiplie le respect en se multipliant elle-même.

Et lorsque le père et la mère délèguent à un instituteur catholique, avec leur dignité naturelle et surnaturelle, tous leurs droits d'enseigner et d'élever, il ne vous peut échapper quel caractère de dignité reçoit l'instituteur de cette double délégation, pour obtenir les respects de l'enfant qu'il élève. Il est comme le confluent où ces deux dérivations de la majesté de Dieu viennent s'unir, en passant par Jésus-Christ et par l'Église, par le cœur du père et par le cœur de la mère. Tel l'instituteur doit se montrer à l'enfant ; tel il doit se considérer lui-même dans la lumière de la raison et de la foi, rehaussé par la double investiture du droit humain et du droit divin, pour imposer à son élève le respect dont il a besoin, et qu'il obtient, même sans le demander, par l'ascendant de la grandeur que l'enfant reconnaît en lui. Que voit en effet l'enfant quand il regarde son maître ? Il découvre à son front, avec le signe du droit de l'homme, le signe du droit de Dieu. Il croit que Dieu a donné à l'Église par Jésus-Christ qu'il adore, le gouvernement de sa conscience ; et vénérant même dans un homme une part de cette magistrature descendue du ciel, il estime que c'est sa dignité de reconnaître et d'honorer une grandeur qui porte le sceau de Dieu jusque dans la faiblesse de l'homme ; et alors même que l'infirmité humaine se trahit par trop d'endroits, elle ne le laisse pas sans secours livré à la tentation du mépris; parce que dans la lumière qui transfigure l'homme le divin apparaît encore, et facilite une vénération au fond de laquelle Dieu même est tout entier.

Cependant cette dignité dérivée, et, si je puis le dire, cette majesté d'emprunt, ne suffit pas toujours pour protéger dans l'enfant le culte du respect; il faut que cette grandeur, qui ne vient pas de lui, ait pour naturelle défense, avec la dignité personnelle, cette majesté propre qui vient de l'éclat d'une grande vertu et du prestige d'une grande sainteté. Il ne me suffit pas que l'instituteur catholique ne soit pas une personnification du vice, j'exige qu'il soit une personnification de la vertu; il faut qu'il soit, au point de vue du mérite personnel, une belle et rare figure. Je ne me contente pas qu'il soit du vulgaire des vertueux; et son renom d'honnête homme ne me rassure pas assez : je veux qu'il ait dans sa personne assez de dignité pour porter avec aisance le faix des grandeurs chrétiennes qui lui viennent par Jésus-Christ; je veux qu'il soit un grand chrétien, un vivant Évangile, un type de vrai christianisme, un autre Christ en un mot : afin que l'âme de l'enfant sente en quelque sorte dans toute sa personne ce Christ qu'il représente et dont la dignité le couvre. Et c'est par là que le catholicisme achève le chef-d'œuvre de l'éducation, en réalisant dans toute sa perfection l'école du respect. Il crée des saints portant au front une auréole qui n'échappe pas aux enfants, et qui laisse même aux plus inattentifs, avec l'image de Jésus-Christ, un sens de la dignité qu'ils ne peuvent plus perdre.

Et si, avec tout ce que je viens de supposer, l'instituteur catholique a reçu du ciel une vocation qui le voue non-seulement à la pratique du devoir, mais à l'héroïsme de la vertu; s'il a fait le serment non-seulement de l'honnêteté mais de la sainteté ; si avec la grandeur qui lui vient de sa délégation, et avec la dignité qui lui vient de sa vertu, il ajoute par surcroît cette majesté supérieure qui lui vient de l'onction divine et d'un caractère sacré ; si enfin, pour porter sans fléchir le poids de tant de dignité, il garde dans une ferme attitude et une inaltérable douceur cette majesté qui sauvegarde toutes les autres, le calme qu'un auteur a bien nommé la majesté de la force : oh ! alors, nul ne peut dire ce que produira dans l'enfant cette école du respect tenue par un tel maître, et tout ce qu'elle suscitera de vénération spontanée et de respects sincères dans l'âme candide de cet enfant, qui reçut entre les bras d'une mère la première révélation de la grandeur chrétienne, dans la première parole qui lui manifesta Jésus-Christ.

Ainsi, le catholicisme justifie l'éloge qui lui fut donné. Il est *la plus grande école de respect qu'il y ait sur la terre,* parce qu'il est la plus grande religion, et que, comme tel, il rend Dieu plus présent et plus sensible à l'âme humaine. Aussi, le plus triste symptôme que l'on puisse voir dans une société, le signe évident de la disparition du respect parmi les hommes, c'est la diminution du respect de la religion, et spécialement du catholicisme, la plus haute et la plus vénérable de toutes les religions. Lorsque le mépris monte jusqu'à cette religion qui touche Dieu par son sommet, il atteint le respect dans sa source première ; il va le tuer, pour ainsi dire, au sein de Dieu d'où il descend sur toute grandeur qui porte une image de Lui ; et il s'en va, avec une force multipliée par la hauteur même où il s'est élevé, abaissant tout ce qui est grand, avilissant tout ce qui est noble, profanant tout ce qui est saint, dégradant tout ce qui est sublime. Alors, plus rien : ni la royauté, ni la paternité, ni les lois, ni les institutions, ni les hommes, ni les choses, n'obtiennent de légitimes respects ; et ce mépris de toutes les grandeurs, parti du mépris même de Dieu, abaisse de plus en plus les âmes et les sociétés. Car, de même que les âmes n'apprennent à respecter qu'à l'école de la religion, elles n'apprennent à s'élever qu'à l'école du respect.

II

Autant le catholicisme a d'efficacité pour produire le respect dans l'enfance, autant le respect a d'efficacité pour la bien élever. C'est ici le lieu de vous faire remarquer la philosophie de ce mot *élever*, qui exprime l'effet le plus général et le côté le plus saillant de l'éducation. Faire l'éducation humaine, c'est faire monter l'enfant à la hauteur de l'homme. Tandis que son corps, sous la seule impulsion de la nature, comme une plante, arrive à sa naturelle stature ; ainsi sous les influences de l'éducation l'enfant doit monter ; il doit monter par l'intelligence, monter par le cœur, monter par la volonté, monter par l'âme tout entière : car c'est par son âme que l'homme cherche ce qui est en haut, regarde le ciel et aspire l'infini ; c'est par là que l'homme se sent fait pour s'étendre et se dilater dans un progrès dont la limite est en lui, mais dont l'idéal est en Dieu. L'éducation, dans son meilleur et son plus généreux sens, est un mouvement de bas en haut ; c'est une ascension progressive de notre être moral ; c'est, comme le mot lui-même l'exprime mieux qu'un discours, *l'élévation de la vie*.

Or, il est bien remarquable que cette direction ascensionnelle de la vie humaine est surtout le fruit des habitudes respectueuses. Le respect descendu de Dieu dans l'âme d'un enfant par les moyens que j'ai montrés tout à l'heure, est comme la sève divine de cette croissance morale poussant en haut toutes les puissances de l'âme comme des rameaux sublimes, et l'âme elle-même tout entière, pour l'élever à toute sa hauteur. C'est ce qu'il s'agit en ce moment de bien entendre, en demandant, ici encore, à l'enfant lui-même le secret de le bien élever. La Providence a écrit de son doigt au sein même de notre nature humaine la loi de son vrai progrès, et nous n'avons qu'à la lire.

La meilleure éducation est dans le développement de la vie la correspondance la plus parfaite à ses plus légitimes besoins : l'obéissance est une loi d'éducation, parce que nous avons besoin d'obéir ; l'amour est une loi de l'éducation, parce que nous avons besoin d'aimer ; la foi est une loi de l'éducation, parce que nous avons besoin de croire : ainsi le respect est une loi de l'éducation, parce que nous avons besoin de respecter. C'est le plus généreux besoin de l'homme ; et l'éducation ne l'élève jamais mieux que quand elle lui donne une satisfaction vraiment digne de lui.

Ce besoin de respecter n'attend pas pour se produire dans l'homme tout le développement de sa vie ; déjà il se fait sentir à l'âme de l'enfant, alors que la raison par ses premières lueurs lui découvre les sommets du monde moral : à peu près comme le soleil avant de paraître tout à fait illumine les cimes du monde physique. A la première apparition de ces grandeurs immatérielles qui se posent devant lui, il éprouve le naïf et généreux besoin d'attester l'émotion qu'il en reçoit, par le respect que son âme leur envoie comme un naturel hommage.

Or, Messieurs, veuillez le remarquer, ce besoin de rendre hommage à tout ce qu'il sent être dans les autres plus haut que lui-même, n'est ni une aspiration sans but, ni un mouvement sans raison ; c'est dans l'enfant qui l'éprouve un signe de la destinée et une voix de la Providence qui l'invite à s'élever. Tandis qu'il découvre dans un autre être que lui une apparition de cette grandeur dont il a l'instinct, il se fait dans sa jeune âme un tressaillement intime qui lui dit en faisant appel à ses plus nobles penchants : voilà la grandeur, et voilà ce que tu dois être. Ce sens spontané de la grandeur qui l'émeut lui révèle une vocation :

la vocation de se faire grand lui-même. S'il n'avait cette destinée, ce sentiment de noble race lui serait étranger ; il passerait devant la grandeur morale sans en être touché, sans même s'en apercevoir ; il n'aurait ni le regard assez haut pour la voir, ni le cœur assez noble pour l'aimer, ni l'âme assez sensible pour en tressaillir. Dieu cependant lui a donné ce regard, cet amour et ce tressaillement. C'est qu'il lui fait la vocation de poursuivre la grandeur, dont il a le pressentiment dans le besoin qu'il en éprouve ; c'est-à-dire la vocation de grandir et de s'élever lui-même, comme tout homme grandit et s'élève par ses propres respects.

Lorsqu'une âme naturellement douée de la faculté de comprendre et de sentir ce qui est supérieur, a reçu d'une majesté qui la regarde et l'émeut, ce coup mystérieux qui fait tressaillir en elle tous les plus nobles instincts, et vibrer toutes les fibres les plus généreuses ; elle éprouve je ne sais quelle irrésistible attraction qui la sollicite à monter vers cette grandeur dont la vue l'a ravie et passionnée tout ensemble; elle se dit : « Allons, montons vers elle, et nous aussi devenons grands. » Cet effet du respect sur une jeune âme émue au spectacle de la grandeur et au contact de la dignité, est plus infaillible que ne l'est sur une fleur l'influence du soleil qui la tourne vers sa lumière et l'attire par sa chaleur. Le soleil n'a pas seulement sur les plantes la puissance de les épanouir, en les échauffant, il a encore la puissance de les élever en les attirant ; et tel est exactement sur l'âme humaine l'action de la grandeur, alors que cette grandeur est une grandeur sentie, aimée, sympathique ; non-seulement elle se fait regarder : elle se fait désirer, aspirer, chercher ; non-seulement elle plaît et elle délecte : elle charme et elle attire ; non-seulement elle rejoint l'âme qui a subi la fascination de son regard : elle fait plus ; elle la transporte, elle la ravit ; ravissement sublime, transport généreux, qui ne met une âme hors d'elle-même que pour la faire monter plus haut qu'elle-même, en l'unissant par la contemplation, par l'amour et par l'imitation, à la grandeur qu'elle vénère. Chaque grandeur qu'elle découvre devient ainsi pour elle comme une apparition partielle de l'infini, dont elle porte au fond d'elle-même l'image imprimée par la main de Dieu : et comme un artiste en comparant son œuvre à l'idéal qu'il regarde, trouve son œuvre imparfaite et tend à faire mieux ; ainsi l'enfant respectueux en présence des supériorités qu'il découvre éprouve comme un invincible besoin de s'élever pour les atteindre, et de se faire en les atteignant supérieur à lui-même.

Dites-moi, Messieurs, si après avoir rencontré sur la terre la plus grande et la plus noble figure de la création, il vous était donné d'en faire passer toute la noblesse et toute la grandeur sur le visage de votre enfant, à la condition seulement de la lui faire regarder ; qui parmi vous ne souhaiterait pour son enfant cette transfiguration, qui en ferait la plus belle physionomie humaine que l'on eût jamais vue ? Et s'il dépendait de vous d'accomplir une transfiguration pareille non-seulement sur son visage, mais dans son âme, en y transportant par la puissance de la contemplation la plus belle et la plus grande âme qui soit au monde ; qui parmi vous n'aurait cette ambition la plus naturelle en toute paternité, de retrouver dans son enfant, c'est-à-dire dans un autre soi-même, tout ce qu'il y a de plus beau, de plus élevé et de plus distingué dans l'humanité entière ?

Or, ce que je vous dis en ce moment n'a pas seulement la valeur d'une image et d'une comparaison plus ou moins ingénieuse ; c'est la réalité sublime de toute éducation qui se fait sous les nobles influences du respect. Si vous savez partout et toujours montrer à votre enfant ce qui est grand, tout ce qui est grand, rien que ce qui est grand ; et si vous obtenez de lui le respect sincère de tout ce que vous lui avez montré ; voici ce qui arrivera : la grandeur le fera à son image ; et vous aurez dans votre enfant un type de vraie distinction, c'est-à-dire un homme *élevé* ; il sera grand, parce qu'il aura vu et respecté la grandeur. S'il n'a le grand air et cette distinction des manières qui vient des longues traditions de la noblesse dans la famille, il aura ce qui vaut mieux, la grandeur de l'âme et l'élévation des sentiments ; et presque toujours il aura l'un et l'autre : grand par le dedans, distingué par le dehors. Si la vraie distinction diminue dans les générations nouvelles, si les âmes s'y abaissent, il n'en faut pas chercher d'autre cause : c'est que l'éducation ne leur a pas donné, avec le sentiment des grandes choses, cette incomparable noblesse que donne l'habitude de respecter, et qui prépare infailliblement des hommes distingués, parce qu'elle fait les cœurs hauts et les âmes élevées.

Qu'il est beau de les voir passer dans la vie, ces sublimes enfants sortis de l'école du respect! Ceux-là n'ont pas besoin d'apprendre au monde qui les regarde qu'ils sont des hommes d'honneur et des gens bien élevés : ils montrent sur leur front le sceau visible de la grandeur, qui les a frappés à sa propre effigie. Comme ils portent haut la pensée, le cœur, le sentiment, la volonté, l'âme, eux-mêmes tout entiers! et avec quelle grâce dans la dignité, et avec quelle modestie dans la grandeur! Tout ce qui est élevé les ravit, et tout ce qui est noble les fait tressaillir. Une grande vertu, un dévouement sublime, un sacrifice héroïque inonde leur âme de lumière, leur cœur de sentiments, leurs yeux de larmes : larmes généreuses qui brillent devant une gloire pure et désintéressée, comme brillent les gouttes de rosée sous un rayon de soleil. Au contraire, ce qui est vil, rampant, servile, dégradé, fût-il applaudi par l'univers et couronné par la victoire, soulève en eux de fières indignations et de nobles frémissements. On dirait que la dignité leur est devenue naturelle, tant ils ont de grâce à la porter et de force à la défendre. Leur distinction n'est pas une forme convenue, composée comme un vêtement dans lequel on se drape; elle est naturelle et spontanée comme la fleur sur la tige, et comme le parfum dans la fleur; elle n'est pas un artifice, elle est une expression; elle n'est point un arrangement du corps, elle est un reflet de l'âme; elle n'est point la grandeur fausse qui se pose pour se faire voir; elle est la vraie grandeur qu'on découvre sans qu'elle se montre. Cette race des bien élevés marche portant au front cette couronne à laquelle elle a rendu elle-même ses premiers hommages, et l'on dit en la voyant passer : Voici la grandeur. Sans l'avoir cherché, elle arrive à trouver sur son chemin ce qu'elle a su reconnaître et saluer dans les autres, la vénérabilité : à force de vénérer, elle-même est devenue vénérable. Un grand respect est partout dû à l'enfance; il est dû deux fois à cette sublime enfance qui s'est couverte en respectant, de considération, de dignité et d'honneur. L'enfant qui a obéi peut lui-même d'avance prophétiser ses victoires, parce que son obéissance l'a vêtu de la force de vaincre et de la puissance de triompher. L'enfant qui a respecté peut lui-même aussi prophétiser la considération qui l'attend au milieu des hommes, parce que le respect l'a vêtu de dignité et a jeté sur tout son être un rayonnement de grandeur. Et si tous, comme lui et avec lui, ont reçu sous des influences pareilles cette éducation du respect qui élève tout avec elle, vous verrez se multiplier partout les vies augustes et les grandes existences; la distinction apparaîtra populaire ; pour être réputés une grande nation, il ne sera pas nécessaire d'être soixante millions d'hommes défendus par six cent mille soldats : la grandeur sortira des âmes ; et un peuple numériquement petit aura une majesté qui manque à ces sociétés gigantesques qu'on essayerait en vain de nommer de grands peuples.

Au contraire, autant l'éducation du respect agrandit les peuples en élevant les âmes, autant l'éducation du mépris avilit les hommes et abaisse les sociétés. Pour faire l'éducation du mépris, il n'est pas nécessaire de dire à l'enfant, en lui montrant la grandeur : « Insulte et méprise. » Pour apprendre à mépriser, il suffit de ne pas apprendre à respecter. L'enfant ne peut demeurer indifférent devant les supériorités sociales, morales et religieuses qui passent sous ses regards : il faut qu'il ait par rapport à elles une idée, un jugement, un sentiment; s'il ne les respecte, il faut qu'il les méprise; et, parce que l'instinct de la grandeur lui est naturel et demeure en lui indestructible, il se fait dans son âme un renversement, et, si je puis le dire, un retournement de haut en bas qui fausse son éducation et pervertit sa vie. Ses hommages vont à ce qui est abject, vil, méprisable; et ses mépris tombent sur ce qui est grand, sublime et vénérable : c'est au sens le plus vrai et le plus profond, la révolution dans l'homme ; c'est la dégradation morale qui corrompt d'avance l'homme dans l'enfant; en attendant que l'enfant devenu homme travaille lui-même à corrompre la société.

L'enfant qui, à l'heure de son éducation ne sut que mépriser, s'est déjà par le fait même démontré méprisable. Une grande vertu, un rare mérite, une personnalité auguste, une institution vénérable, ne rencontrent le mépris que dans une âme déjà vile : c'est le propre de la bassesse d'insulter la majesté. Mais ce défaut de respect, qui suppose déjà dans un enfant une dégradation commencée, réagit sur lui d'une manière effrayante pour le dégrader de plus en plus. Le voyez-vous d'ici, le disciple formé à l'école du mépris? Tandis que l'enfant bien élevé, regardant en haut, respecte, *respicit*, et s'élève vers la grandeur qu'il contemple; lui, regarde en bas, *despicit*, il méprise; en méprisant, il s'abaisse de toute la hauteur des choses qu'il a méprisées, et il porte dans ce mépris le signe prophétique de l'opprobre qu'il recueillera un jour par son propre avilissement. A force de dédaigner ce qui est saint, auguste et vénérable ; à force de méconnaître la dignité et de dédaigner la grandeur, il en a perdu le généreux instinct ; et de jour en jour il s'abaisse de tous ses dédains, il se dégrade de toutes ses insultes. Le mépris qu'il a jeté à tout retombe sur lui comme un stigmate et comme un anathème ; il s'empreint sur son visage ; il respire dans ses traits heurtés, dans ses regards insolents et dans toute sa physionomie honteusement ravalée. Le voilà : il se croit grand parce qu'il dédaigne ; supérieur parce qu'il insulte ; sublime parce qu'il méprise : mais en voulant tout abaisser, il n'est parvenu qu'à s'abaisser lui-même ; le mépris des grandeurs a précipité en lui la dégradation morale, et il touche à la barbarie : il sera un opprobre pour la civilisation et une menace pour la société.

Aussi, lorsque pendant quelques générations seulement les enfants ont perdu dans cette éducation dégradante le culte du respect ; lorsque le mépris des grandes choses, des institutions saintes et des vérités augustes est devenu populaire ; lorsque surtout, dénaturant les choses, faussant les idées et pervertissant le langage, il s'est fait accepter par les multitudes comme le drapeau du progrès : oh ! alors, ce n'est plus seulement un homme, c'est l'humanité qui s'abaisse. Alors les caractères tombent, les âmes descendent, les hommes diminuent, les grandes figures apparaissent rares sur la scène du monde, et le niveau de la grandeur nationale baisse avec le niveau de la dignité humaine. La vie sociale est atteinte et la stabilité des gouvernements ébranlée par ce coup du mépris qui blesse les peuples et les hommes. Bientôt tous les vils instincts qui sommeillent au fond des âmes et des sociétés se réveillent, et se prennent à triompher au grand jour des insultes qui atteignent par leur audace les plus hautes cimes du monde ; et la puissance morale de l'autorité tombe avec le prestige dont le respect l'environnait. C'est alors que la force matérielle est impuissante à couvrir longtemps le néant de la force morale ; des bataillons protégent en vain les autorités que le respect ne défend plus ; leurs victoires ne sont que des ajournements de leurs défaites ; si elles ne tombent aujourd'hui, elles tomberont demain : car si avec des bras puissants et des glaives bien trempés on peut briser en un jour la conspiration de la force, il n'y a pas de puissance au monde qui résiste longtemps à l'universelle conspiration du mépris.

Donc, Messieurs, là est le secret de la dignité humaine et de la grandeur sociale : apprendre à respecter; faire de l'éducation l'école du respect. Mais sur quoi doit porter le respect dans les enfants qu'on élève ? Je pourrais vous répondre d'un seul mot : sur tout ce qui est vénérable, c'est-à-dire sur tout ce qui porte plus ou moins radieuse une image de Dieu. J'ai montré tout à l'heure comment le respect qui a sa source en Dieu, descend par Jésus-Christ et par l'Église de degré en degré sur le père, la mère et l'instituteur. Mais ce n'est pas assez que celui qui fait une éducation apparaisse vénérable à celui qui la reçoit; il faut encore qu'il exerce l'enfant au culte de toutes les grandeurs solidaires des mêmes respects ou des mêmes mépris; il faut que l'enfant, même sans s'en rendre compte, multiplie dans son âme le respect de toutes par le respect de chacune, et le respect de chacune par le respect de toutes.

Je ne puis énumérer les diverses grandeurs qui ont droit au respect des enfants. Je me contente d'indiquer trois catégories qui les renferment toutes : respect des hommes ; respect des institutions ; respect des principes ; et comme conséquence, respect de soi-même.

A mesure que l'enfant ouvre ses regards par delà le royaume domestique vers les horizons grandissants de la société publique, l'éducation doit lui montrer en les rehaussant dans son âme toutes les supériorités sociales qui viennent comme d'elles-mêmes solliciter ses hommages et recueillir ses respects. Ce sont les sacerdoces, les pontificats, les magistratures, les fonctions, les législatures, les gouvernements et les royautés : toutes les grandeurs publiques portant sur elles une part de la double majesté de la religion et de la patrie. Et puis ce sont toutes les supériorités individuelles qui couvrent l'une et l'autre de l'éclat de leur propre gloire : les grands capitaines, les grands héros, les grands saints, les grands bienfaiteurs de l'humanité, toutes les illustrations légitimes, tous les génies fidèles à Dieu et dévoués aux hommes : tout ce qui dans l'humanité porte avec une dignité sainte ou une royauté sans tache la pure et sainte auréole de la grandeur morale ; l'homme lui-même enfin, l'homme qui est une majesté parce qu'il est une intelligence, une liberté, une âme, l'homme, la plus grande image de Dieu dans la création.

Avec le respect des hommes, l'éducation doit enseigner à l'enfant le respect des institutions. J'entends par là surtout ces saintes et vénérables institutions qui tiennent de la Providence, du temps et de leurs bienfaits une grandeur qui nous domine et s'impose à nos respects : créations séculaires marquées du double cachet de l'amour et de la majesté, qui montrent aux regards des contemporains, avec le génie du passé s'attestant dans ses œuvres, la sueur des ancêtres, le vestige du travail, les cicatrices de la lutte, le sceau du dévouement, la consécration de l'expérience, le suffrage des siècles, la reconnaissance des peuples, les bénédictions lointaines et proches des générations qui ont grandi sous leur ombre ; et par-dessus tout la belle et vénérable gloire de leur antiquité. L'antiquité dans les choses pures et saintes est la grandeur des siècles se posant devant nous avec l'institution qui les a vus passer devant elle. L'orgueil et l'impiété renient cette vénérabilité de l'antique; mais la religion, qui aime tout ce qui dans l'humanité représente Dieu, en provoque le respect. L'antiquité est comme une imitation de l'éternité de Dieu dans le temps ; et cette grandeur dans la durée en suppose beaucoup d'autres : elle présente avec la majesté du temps la majesté de la force, car elle a traversé beaucoup d'orages et vaincu beaucoup de puissances ; son présent se couvre des grandeurs de son passé et des clartés de son histoire, et la vénérabilité est sa légitime couronne.

Enfin il est un respect que l'éducation doit surtout inculquer à l'enfance, et d'où doit sortir le plus la dignité humaine et la grandeur sociale : je veux dire le respect des principes et du droit, la racine et la consécration de tous les autres. Le droit est avec Dieu et en Dieu la première supériorité que nos respects doivent attester : car la justice est la réverbération de Dieu dans la conscience, c'est la signature divine gravée au fond de l'âme humaine, c'est la souveraineté même nous soumettant à l'éternel et à l'immuable. Le droit et les principes constituent tout un ordre de vérités qui ne dépendent pas de nous, et dont, bon gré malgré, il faut, si l'on veut vivre et surtout s'élever, accepter tout entière la royauté souveraine : les reconnaître et leur obéir est la plus haute dignité de l'homme et le plus grand honneur des sociétés. Le coup le plus mortel porté à la dignité humaine et à la grandeur sociale, c'est le mépris de ce droit souverain ; c'est la persuasion superbe et folle dans un homme ou dans un peuple, que rien n'est au-dessus de l'humaine volonté ; que l'on peut tout gouverner, même le droit ; et que l'on peut tout changer, même l'immuable : prétention grossière autant qu'elle est absurde. Sur ce point la vraie religion n'a jamais failli et ne faillira jamais : respecter en tout et partout la souveraineté absolue et inaliénable du droit, la défendre par ses respects eux-mêmes contre le despotime du caprice et l'insolence du succès : voilà ce qu'elle proclame devant l'enfance comme la première loi des âmes et des sociétés. C'est que là est le respect-principe; c'est que là seulement on peut puiser comme à sa vraie source, avec le respect des hommes et le respect des choses, cet autre respect nécessaire à tout homme et nécessaire à tout peuple, le respect de soi-même.

Tels sont les respects que l'éducation doit apprendre à l'enfance, pour les transmettre par elle de génération en génération. Or, nous essayerions en vain de nous le dissimuler, une des plus grandes blessures faites à l'humanité contemporaine, c'est la diminution du respect et l'accroissement du mépris dans les générations nouvelles. C'est là une des plaies humaines et sociales qui arrachent à mon cœur d'homme et d'apôtre des gémissements dont je voudrais pouvoir vous exprimer l'inexprimable tristesse. Ah! Messieurs, voir insulter la grandeur et outrager la dignité; voir le mépris monter aussi haut qu'il peut monter sur la terre; et, tandis que tous ceux qui ont une parole, un talent, une fonction, une autorité, une influence intellectuelle ou une influence morale, devraient mettre la main à la restauration du respect dans les âmes, hélas!

rencontrer toujours devant soi des hommes qui unissent leurs efforts pour accélérer la chute des âmes en précipitant la ruine du respect ; des hommes qui, tous les jours, oui, tous les jours, recommencent cette œuvre d'abaissement humain et d'abaissement social, populariser le mépris et déshonorer la grandeur ; des hommes qui s'en vont cherchant par le monde une croyance, une institution, une personne auguste, pour lui jeter devant les multitudes des insultes applaudies ; et, comme les Juifs ont fait pour humilier le Christ, choisissent de préférence ce qui est le plus vénérable et le plus vénéré sur la terre, pour l'abreuver de plus d'opprobres et le couronner de plus de mépris : ah ! je le répète, assister à ce spectacle, c'est pour tout noble cœur et pour toute âme généreuse une indicible douleur !

Et voilà ce que nous avons vu, ce que nous voyons encore. Et, parce que les mépris, comme les respects, se tiennent par une invisible chaîne, le mépris de tout ce que l'humanité a environné de ses plus profonds et de ses plus persévérants respects, conduit inévitablement au mépris des hommes eux-mêmes. A force de mépriser ce qui a reçu les hommages de tant d'âmes humaines, et à force d'exalter à faux devant les multitudes une humanité vile, on en est arrivé là où l'on devait infailliblement aboutir : au mépris de l'homme. Dites-moi, Messieurs, ce mépris de l'homme par l'homme, est-ce que vous ne l'avez pas senti passer sur les âmes pour les flétrir et les abaisser, comme un vent d'orage flétrit et abaisse les moissons qu'il a touchées ? Est-ce qu'il ne suffit pas de lire ce qui s'écrit, d'entendre ce qui se dit, de voir ce qui se fait, pour comprendre et sentir combien les hommes de ce temps se dédaignent et se méprisent les uns les autres ? Qui suppose à son frère une conviction sincère, une intention pure, un mouvement désintéressé, une inspiration de dévouement ? Le dévouement, y croyez-vous tous ? Je ne sais. J'y crois, moi ; car je l'ai vu : je l'ai vu beau dans son héroïsme et dans son abnégation ; mais aussi je l'ai vu bafoué, insulté, méprisé par la bassesse même ; et à côté du dévouement humilié et de l'héroïsme insulté, j'ai vu une seule chose emportant des honneurs et des applaudissements, le succès !

Et de ce mépris des choses, et de ce mépris des hommes, on est arrivé, comme par une pente irrésistible, au plus dégradant et au plus avilissant de tous les mépris, au mépris de soi-même ; non pas à ce mépris sublime qu'enseigne l'Évangile, qui n'est autre que le souverain respect de Jésus-Christ ; mais à ce mépris de soi qui fait qu'un homme s'estime assez peu lui-même pour croire qu'un vil métal, ou un billet coté à la banque soit digne de représenter sa valeur humaine ou sa valeur sociale ; ce mépris de soi-même qui fait qu'on ne rougit pas de tout vendre, oui, tout : sa pensée, sa parole, son talent, sa fonction, soi-même tout entier à qui saura payer le plus et donner par surcroît, pour prix de la bassesse, le triomphe et la gloire ! De là ces apostasies qui consternent la probité et semblent une insulte à l'estime publique et une abdication de toute humaine dignité. De là ces adulations mercenaires des crimes heureux, et ces anathèmes salariés jetés au droit qui succombe dans le triomphe de la force. De là ces scandales de l'intelligence, ces changements au jour et à l'heure de doctrine, de parole et d'écriture, selon le souffle de l'événement et le caprice de l'opinion : scandales inouïs, qui attestent avec le mépris des principes un souverain mépris des hommes, et la totale absence du respect qu'on se doit à soi-même !

Voilà où pousse l'humanité l'éducation du mépris faite par l'antichristianisme. Qui nous relèvera de cet abaissement ? L'éducation du respect faite par le christianisme.

SIXIÈME CONFÉRENCE

SIXIÈME CONFÉRENCE

LE PROGRÈS DANS L'ÉDUCATION

PAR LA PURETÉ CHRÉTIENNE

ÉMINENCE,

Le catholicisme est la grande école de respect dans l'éducation, parce que faisant descendre de degré en degré par Jésus-Christ et par l'Église la majesté de Dieu jusqu'à l'âme des enfants, il y développe le sentiment de la grandeur qui est la source de toutes les grandeurs, et y crée le respect de Dieu, raison radicale de tous les respects. Or le respect une fois produit dans l'âme humaine l'élève dans la mesure où il s'élève lui-même. A force de donner aux âmes dans l'enfance le sens de la vraie grandeur, il les fait monter vers les grandeurs mêmes qui ont conquis leurs respects. Au contraire l'éducation du mépris, détruisant dans les âmes le sentiment de ce qui est grand, les abaisse dans la proportion même où elles méprisent; et ce mépris, en se faisant universel, devient la dégradation et le péril des sociétés que le respect n'élève et ne défend plus. Et voilà, avons-nous dit, un des signes effrayants de notre siècle : la chute du respect. Alors qu'il faudrait conspirer à tout rehausser en travaillant dans toutes les sphères à la restauration du respect, des hommes s'acharnent à tout ravaler en s'efforçant chaque jour de multiplier les mépris. Une chose hideuse que le XVIIIe siècle a produite, et que le nôtre avait reniée, a reparu parmi nous : le ricanement, cette grimace de Satan devant la majesté. Oui, la race des ricaneurs est ressuscitée, et leur rire sans joie s'essaye par toutes les insultes à l'abaissement de toutes nos grandeurs. Le scandale est leur triomphe, pour ne pas dire leur profit ; et quand il descend de haut, surtout quand il vient à sortir du sanctuaire, au lieu de voiler devant l'âme du peuple ces chutes qui font pleurer les anges, ils travaillent à les publier, à les célébrer, à les *illustrer*. Mais ils ont beau faire, quiconque en plein christianisme entreprend cette tâche mille fois honteuse, propager le mépris, n'abontit infailliblement qu'à le conquérir pour lui-même ; et ce qui est respectable demeure respecté. C'est que les générations chrétiennes ont reçu le sacre du respect; leur front en porte l'ineffaçable signe et leur âme l'indestructible instinct. Le catholicisme fera à jamais dans l'humanité sa grande école du respect : il continuera de révéler aux âmes la grandeur de Dieu par Jésus-Christ Notre-Seigneur, et la grandeur de Jésus-Christ par l'Eglise notre mère; et les générations instruites à cette sublime école se feront dans l'avenir, ainsi que dans le passé, grandes comme leurs respects.

Et maintenant, Messieurs, vous me demandez si je n'ai pas fini? Nous avons vu l'éducation chrétienne enseigner à l'enfant, avec la Religion qui est la vie de tout, ces quatre choses simples mais fondamentales : la foi, l'amour, l'obéissance et le respect. En apprenant à croire, elle affermit l'intelligence sur les dogmes, et elle donne une base à la vie ; en apprenant à aimer, elle ouvre le cœur par l'affection, et elle donne l'épanouissement à la vie; en apprenant à obéir, elle trempe la volonté dans la lutte, et elle donne la force à la vie ; en apprenant à respecter, elle développe dans l'âme le sens de la grandeur, et elle donne l'élévation à toute la vie. Pour compléter l'éducation et achever son chef-d'œuvre, vous voulez savoir ce qu'il faut encore? Il faut ce qui seul sauvegarde et embellit ces quatre choses, ce qui donne à l'homme le complément de sa beauté : l'auréole d'une angélique pureté. Sans la pureté du corps luimême rejaillissant sur tout l'homme, non-seulement rien n'est achevé dans l'enfant, mais rien ne s'y soutient : son éducation reste mutilée et presque toujours blessée à mort.

C'est par ce sujet délicat mais nécessaire que je veux achever ce que j'avais à dire sur le progrès par l'éducation chrétienne. Daigne le Dieu de toute pureté purifier mon cœur et garder mes lèvres ; puisse cette parole porter dans vos âmes un rayon si céleste qu'il n'y produise autre chose que l'amour de cette aimable vertu, l'arome sacré de l'éducation et le charme le plus doux de l'enfance bien élevée. Je me contenterai aujourd'hui de rechercher qui a la puissance de sauvegarder la pureté dans l'éducation : demain je montrerai ce que devient l'éducation sans la pureté. Ainsi la conclusion de nos conférences deviendra l'ouverture de nos pieux exercices ; le sujet est de lui-même assez pratique pour n'être pas déplacé au début d'une retraite.

I

Aujourd'hui encore, Messieurs, je commence par évoquer un témoignage. « J'ai toujours vu, « dit un écrivain célèbre, que les jeunes gens « corrompus de bonne heure et livrés à la dé- « bauche étaient inhumains et cruels ; la fou- « gue du tempérament les rendait impatients, « vindicatifs, furieux. Leur imagination, pleine « d'un seul objet, se refusait à tout le reste ;

« ils ne connaissaient ni pitié ni miséricorde ; « ils auraient sacrifié père et mère et l'univers « entier pour satisfaire un seul de leurs dé- « sirs. Au contraire, un jeune homme élevé « dans une heureuse simplicité est porté par « les premiers mouvements de la nature vers « les passions tendres et affectueuses ; son « cœur compatissant s'émeut sur les peines de « ses semblables ; il tressaille d'aise quand il « revoit son camarade ; ses bras savent trou- « ver des étreintes caressantes, ses yeux ver- « ser des larmes d'attendrissement..... Oui, « je le soutiens, un enfant qui n'est pas mal « né et qui a conservé son innocence jusqu'à « vingt ans, est à cet âge le plus généreux, le « meilleur, le plus aimant et le plus aimable « des hommes. On ne vous a jamais rien dit « de semblable ; je le crois bien : vos philoso- « phes, élevés dans la corruption, n'ont garde « de savoir cela. »

Messieurs, qui a écrit ces paroles remarquables? Qui a si bien compris l'immense résultat de la pureté et de l'innocence conservées dans l'éducation? Chose étonnante, celui-là même qui s'est en d'autres points si étrangement trompé sur l'éducation de l'homme, ce génie fiévreux qui eut sur tous les sujets des quarts d'heure lucides et des éclairs de bon sens. Vous venez d'entendre l'auteur de l'*Émile*. Je veux vous montrer que cette fois le père de tant d'erreurs a rendu témoignage à la vérité.

Et d'abord, ce qu'il faut bien entendre et poser ici comme point de départ nécessaire, c'est que la pureté est menacée dans l'enfance par un mal qu'il faut combattre, si l'on ne veut qu'il ravage la vie et détruise l'œuvre de l'éducation.

Nous avons vu comment l'âme humaine reçoit dans l'éducation, par la satisfaction donnée à ses légitimes besoins, ses développements harmonieux. Mais, vous ne l'ignorez pas, cette beauté de l'âme ne se découvre qu'à travers le corps qui compose avec elle la personnalité humaine ; et si intimes, si profonds sont les liens qui les unissent, que les développements de l'une sont indissolublement unis aux développements de l'autre. Il y a donc aussi à faire, pour le complément de la formation de l'homme, une éducation du corps. Cette formation de la partie matérielle de l'homme, dont la nature se charge à peu près toute seule, demeurerait étrangère à cette prédication, s'il n'y avait un point vulnérable dans la nature humaine, par où les blessures faites au corps peuvent porter la perturbation et même la mort jusqu'aux plus intimes profondeurs de l'âme : ce point vulnérable du corps humain par où le mal entre dans l'âme des enfants, et y ravage quelquefois l'œuvre entière de l'éducation, c'est le sensualisme, la dépravation des sens, le désordre dans la chair, en un mot, la volupté. Le corps par l'éveil plus ou moins précoce des plus redoutables instincts, conspire contre la dignité de l'âme ; il prépare à l'homme une crise où presque toujours la vie se décide pour le bien ou pour le mal, et prend la voie de son progrès ou la voie de sa décadence.

Il y a une saison de l'homme dont l'image nous revient quelquefois au milieu des orages de la vie, comme une sereine apparition : âge le plus fortuné, s'il savait mieux son bonheur, où l'enfant, dans la joie radieuse d'un cœur innocent, n'a pas même pour troubler la paix de son présent la crainte des tempêtes qui attendent son avenir ; aurore de la vie plus pure que la plus pure aurore, où dans un enfant protégé par les regards d'une mère, tout: les pensées, les désirs, la mémoire, l'imagination, les regards, le visage, tout est si calme, si pur, si limpide, qu'on n'y peut soupçonner l'idée de la souillure, et que la pureté y reluit même à travers le corps comme le soleil dans un cristal. Alors que l'enfant porte dans tous les rayonnements de sa vie la lumière d'une chasteté qu'aucun souffle n'a ternie, et qu'aucun orage n'a troublée ; oh ! alors, que l'enfant déjà est beau à contempler ! En le voyant peindre sur son front candide, dans ses regards transparents et dans ses inimitables sourires une âme si naïve et si charmante, si belle toût à la fois et si ignorante de sa beauté, on se demande quel sera le bonheur de voir les anges dans le ciel, puisque ces anges de la terre donnent à ceux qui les regardent une si délicieuse vision. Ni la fleur ouvrant sa corolle diaprée aux rayons du soleil, ni le lac réfléchissant l'azur dans sa pureté tranquille, ni l'oiseau se jouant dans la lumière, ni l'arbre déployant sa couronne de fleurs sous un ciel de printemps, ni la fontaine roulant ses flots sur un sable d'or et reflétant dans ses eaux la beauté de ses rives : rien dans la création ne peut égaler le ravissement que donne à une âme ce visage d'enfant, où la beauté de l'homme apparaît immaculée comme le front de la Vierge sans tache, modèle de la beauté humaine et de la pureté virginale.

Mais à cette beauté de l'enfant il manque ce qui doit l'achever et la rendre virile : la trace du combat et le signe de la tentation vaincue. L'heure vient où cette pureté qui n'est qu'un charme doit devenir une vertu, et où ce qui n'est dans l'enfant qu'une possession tranquille doit être dans l'adolescent une laborieuse conquête. Hélas! et il faut bien en convenir, le malheur des temps et le milieu où se meut la vie dans nos générations nouvelles, font que cette heure souvent se hâte trop de venir; elle devance le vœu de la Providence et le cours de la nature; elle vient même avant l'adolescence, et quelquefois saisit l'enfant comme une soudaine invasion au sein de sa faiblesse.

Un jour, quelle qu'en soit l'occasion ou la cause immédiate, cet enfant, qui n'avait connu que les saintes aspirations d'un cœur pur, et les angéliques instincts d'une âme tournée comme naturellement du côté du ciel et de Dieu, sent que quelque chose de nouveau vient de s'éveiller en lui. Ce corps virginal, qui ne lui avait paru jusque-là que l'organe docile des harmonies de son âme, lui fait entendre tout à coup des désaccords profonds : ce sujet se pose comme un révolté devant sa souveraine ; il lui révèle des instincts qu'elle ne lui connaissait pas, et des besoins dont la naissance le tient dans un étonnement mêlé de je ne sais quel effroi. Une perturbation se fait tout à coup dans tout son être ému d'une extrémité à l'autre, comme un empire tranquille se sent surpris dans sa paix par des émeutiers de la plèbe et des révoltés de bas étage. L'enfant s'arrête étonné et inquiet devant le mystère qu'il porte en lui, et qui n'est autre que lui-même; il regarde en tremblant devant lui, comme un voyageur qui a vu s'ouvrir soudainement à ses regards des horizons qu'il ne soupçonnait pas; des sentiers inexplorés le tiennent un moment suspendu entre les tressaillements de la crainte et les tressaillements de l'espérance; son regard se trouble devant des perspectives mystérieuses, qui le ravissent de loin et qu'il a peur de regarder de près; l'harmonie de son visage s'altère; son front a moins de sérénité, ses lèvres moins de sourire, son œil moins de limpidité, sa parole moins d'abandon et de simplicité. Une ombre de mélancolie s'étend, comme un voile, sur son front d'où la joie seule surgissait dans son unique et pur éclat; le rêve sur ce front a remplacé la candeur, et l'on voit en le regardant qu'il sent le nouveau et cherche l'inconnu.

C'est alors, en effet, que l'enfant voudrait demander à la nature le dernier mot de son mystère, et à l'humanité le dernier mot de ses énigmes. La curiosité naturelle à l'enfance prend tout à coup en lui des proportions effrayantes; le mystère le tourmente et devient la séduction de sa vie; il veut écarter les ombres et déchirer les voiles; il veut savoir et savoir encore. Non content de s'interroger lui-même, il interroge tout en dehors de lui : son regard scrute toutes les choses, et sa pensée scrute toutes les paroles; il cherche dans les mots des sens cachés; il les sonde dans leurs replis; pénétrant jusqu'à leurs racines pour leur arracher les secrets qu'ils renferment, il demande à leur interprétation des révélations nouvelles; et des mots qui jusque-là lui parlaient peu et l'intéressaient médiocrement, lui rendent tout à coup des oracles inattendus; ils offrent un intérêt immense à son imagination en éveil, et déjà en travail pour enchanter sa vie et fasciner son cœur.

Ah! cette imagination, c'est elle qui à cette heure de la vie lui devient une séduction et surtout un danger. Pareille à une magicienne, elle fait passer devant ses vagues aspirations un monde plein de charmes inconnus; elle multiplie au gré de ses désirs le réel par le possible; et jetant jusque sur la matière des reflets de l'infini, elle ramène sur les choses du corps et de la chair les plus nobles sentiments du cœur et les plus saintes aspirations de l'âme. Aussi, qu'arrive-t-il? Un besoin de jouir, ignoré de ses premiers jours, envahit cet enfant; le désir ouvre ses regards, dilate son âme, fait battre son cœur et tressaillir tout son être. Et, comme Christophe Colomb à la veille de conquérir un nouveau monde, il croit en entrevoir les rives dans les clartés de l'aube naissante et en respirer de loin les parfums apportés par les brises.

Certes, Messieurs, même en supposant que l'enfant dans cette crise n'eût pour attaquer sa pureté menacée d'autre ennemi que lui-même, le danger pour son innocence serait déjà bien assez grand. Mais tandis que, tourmenté par des orages qui lui viennent de son fonds, il est aux prises avec son imagination, ses désirs et ses aspirations ; tandis que sa chair lui est devenue à lui-même un champ de bataille, où il se débat encore pour cueillir dans la lutte les palmes d'une chasteté militante ; le monde, lui ouvrant ses horizons et lui découvrant ses réalités, lui prépare des dangers encore plus grands par le dehors qu'ils ne le sont par le dedans. Les livres viennent, lui promettant jusque par leurs titres séducteurs la révélation de tous les mystères : mystères de Paris ou mystères de Londres, mystères du peuple ou mystères de la noblesse, toujours des mystères. Et puis ce sont des révélations, des confidences, des confessions, des aveux : livres charmants où la littérature et la poésie entr'ouvrent à travers les fleurs, dans des perspectives riantes, tous les mystères de la vie. Le roman sensualiste, admis au foyer domestique par une mère imprudente ou un père indifférent, vient de lui-même se glisser sous sa main ; et son imagination, qui n'a fait jusque-là que se bercer dans le rêve, apprend peu à peu à se fixer sur le réel. Là son cœur assiste tressaillant à des scènes où la volupté se produit comme une reine, avec un cortége de plaisirs, et pose devant ce cœur déjà blessé comme l'idole même de la vie humaine ; trop heureux si un auteur corrompu et corrupteur, se traînant avec son cœur perverti dans le réalisme le plus abject, ne force cette jeune imagination à s'abattre avec lui dans les bas-fonds de l'orgie et dans les égouts de l'humanité ! Et si un jour, trompant la surveillance, cette curiosité insatiable l'entraîne au théâtre pour y voir se dérouler, dans leurs représentations les plus saisissantes, les drames de la vie humaine ; quelle tentation vient s'ajouter pour lui à tant d'autres tentations! quelles pensées, quelles images, quelles émotions, quelles sensations il trouve dans cette voluptueuse atmosphère, où l'on dirait que le plaisir l'enveloppe comme un vêtement et le berce dans tous ses enchantements.

Se tînt-il loin de ces temples profanes où la volupté a ses adorations, son encens, ses hymnes, ses héros et ses victimes ; est-ce qu'il ne lui suffit pas de traverser nos grandes cités pour sentir de tous côtés autour de son cœur une conspiration redoutable avec ce mal qui l'attaque? Partout il en sent le souffle et il en voit les images. Que dis-je? il en voit plus que les images, il en sent plus que le souffle : il en touche la réalité palpable. Il croit voir l'humanité entière plongée au fleuve des voluptés comme au fleuve même de la vie ; et en la voyant se laisser aller avec un charme intarissable à son cours facile et joyeux, il se demande pourquoi il serait condamné à se cramponner seul au rivage, ou à remonter avec effort ce torrent qui semble emporter dans ses flots tout un siècle fortuné. Il se demande si la volupté n'est pas une loi, et la chasteté une exception ; et si la première nécessité de son âme ne serait pas de céder sans résistance aux exigences de son corps?

Comment, sous ce double assaut, l'enfant portera-t-il dans toute son intégrité l'honneur d'une âme pure et d'une chair immaculée? Comment résistera-t-il, sans en être blessé, et à ces charmes de la volupté qui l'attaquent au dedans, et à ces séductions du monde qui l'attaquent par le dehors? Et qu'adviendra-t-il de lui, si un compagnon d'âge atteint comme lui de ce coup mystérieux, mais ayant de plus que lui, avec l'expérience de la tentation connue, l'expérience du mal accompli, se penche à son oreille et lui dit comme le serpent à la femme innocente : « Pourquoi crains-tu de toucher à ce plaisir? Si tu savais, quel charme! quel enchantement! » Oh! c'est alors que l'imagination de l'enfant, surexcitée par les impulsions du mal et par les suggestions du tentateur, croit entendre retentir, elle aussi, la parole qui accomplit la première de toutes les séductions : « *Eritis sicut dii* : Vous serez comme des dieux : » vous verrez devant vous s'entr'ouvrir des horizons infinis, et surgir du fond de vous-même des félicités inconnues.

Alors c'est la suprême épreuve; et si ce n'est encore la chute, c'est le danger d'une innocence menacée de périr?

Voilà, Messieurs, la plus redoutable crise de l'homme aux jours de l'enfance et de l'adolescence. A force de sollicitude et de soins pour écarter les séductions et prévenir les dangers de sa vie, cette crise peut rigoureusement être ajournée jusqu'après l'âge de son adolescence; et tant mieux, oui tant mieux, si sous le premier coup de l'ennemi l'enfant se trouve déjà un homme armé, pour le vaincre, de raison, d'énergie et de résolution. Mais d'ordinaire il n'en est pas ainsi : la crise se déclare à l'heure même où l'éducation se fait, menaçant de la paralyser et de dévorer avant leur épanouissement les plus beaux germes de la vie. Là, sachez-le bien, est le plus profond obstacle que l'éducation rencontre dans son œuvre; là le plus grand mal qui d'ordinaire en compromet les résultats.

Il y a nécessairement devant ce phénomène de la vie une attitude à prendre : un instituteur sur ce point ne peut rester indécis; il faut qu'il adopte une manière de voir, de dire et de faire, pour venir au secours de l'enfance menacée. S'il recule, il s'abdique lui-même, compromet l'enfant et trahit la famille. Eh bien, je le demande, avec un sympathique intérêt pour vous, qui vient ici efficacement au secours de l'enfance? Pour protéger la vie contre l'ennemi qui la menace, qui est le plus fort, ou de l'instituteur qui s'inspire de la raison et de la nature, ou de l'instituteur qui s'inspire de Jésus-Christ et de l'Eglise?

II

Je n'imagine ici pour la sagesse humaine que trois procédés possibles : ou bien nier le mal et le danger qu'il amène : ou bien admettre le mal en désespérant du remède : ou bien essayer de conjurer le danger et de guérir le mal.

Et d'abord, nous rencontrons ici encore sur notre chemin cette molle philosophie, qui estime se débarrasser du mal en niant l'existence du mal, et qui, bien loin d'entreprendre de le combattre, lui donne généreusement la consécration de ce qu'elle appelle la science nouvelle de l'homme. Cette science, fort nouvelle en effet, est singulièrement simple : elle consiste à bien savoir, sauf à n'en donner jamais la preuve, que dans l'homme tout est bien ; que les *premiers mouvements de notre nature sont toujours droits* ; que *l'homme est naturellement bon*, et *qu'il n'y a point de perversion native dans le cœur humain*. C'est l'hypothèse rationaliste déjà signalée ailleurs. Devant cette hypothèse, la question que nous venons de poser : comment remédier à ce mal de l'enfance, est pour le moins étrange ; et la philosophie, qui fait de la négation du mal dans l'homme son dogme fondamental, ne peut devant cette question que se prendre à sourire. L'homme étant proclamé bon, il n'est pas difficile de comprendre que tous les instincts qu'il apporte en naissant lui ressemblent et sont bons comme lui-même. Dès lors, pourquoi tant s'inquiéter de cet éveil de la nature humaine dans l'enfant qui déjà se sent devenir un homme? Pourquoi le développement des instincts de son corps serait-il plus à redouter que le développement des instincts de son âme ? La chair comme l'esprit n'est-elle pas bonne et sainte? Si l'esprit a ses légitimes besoins que l'éducation doit satisfaire en y répondant ; pourquoi la chair n'aurait-elle que des besoins pervers que l'éducation devrait combattre en les réprimant? Loin de nous ces doctrines qui condamnaient une moitié de l'homme à la douleur du combat et à l'humiliation de la servitude. Le temps n'est plus où l'on emmaillottait la vie pour la mieux développer, et où, sous prétexte de lui donner de l'essor, on ne lui donnait que des chaînes. Laissez l'enfant, comme le chêne de la forêt et comme le palmier du désert, épanouir librement sa vie ; à l'âge où cette vie surabonde et cherche ses issues, laissez-le respirer les parfums qu'il sent passer dans l'air, et répondre sans contrainte aux appels que la nature fait à son adolescence. En suivant ce penchant de sa vie, il n'est pas plus coupable que la fleur qui donne son parfum, que l'arbre qui épand sa séve; et il n'y a de mal sous ce rapport que les excès qui tuent l'homme, ou brisent les harmonies de ses facultés.

Voilà une doctrine qui a le mérite incontestable de n'être pas rigoriste. On peut craindre qu'elle ne soit quelque peu relâchée. Cette philosophie voluptueuse recèle dans ses flancs des violences et des cruautés cachées, mais elle n'a sur les lèvres que des formules de paix et de fraternité : s'il y a parfois du sang au fond de sa pratique, il n'y a que du miel au fond de ses paroles. Evidemment, Messieurs, cette bienheureuse philosophie a sur nous des avantages incontestables; elle se débarrasse d'un mot des difficultés qui nous arrêtent. Elle dit à l'instituteur effrayé de cette crise de l'enfance : Que craignez-vous? Pourquoi trembler devant un phénomène qui annonce la floraison de l'homme et l'exubérance de la vie? Vous demandez comment prévenir ce mal avant qu'il n'arrive, et comment le combattre quand il est venu? J'admire votre sollicitude et je plains votre simplicité : le mal n'existe pas; il n'y a là qu'une phase de l'être, une effervescence de la vie, une surabondance de la séve humaine. Ce mouvement nouveau est le progrès même de l'homme : c'est l'homme qui se fait; c'est sa séve qui s'épand, c'est sa vie qui s'accroît et qui veut être davantage. Il n'y a là que le bien tombé dans la créature du sein du Créateur ; ou, comme disent les théologiens du panthéisme, une manifestation de l'être, une forme du grand Tout où l'esprit et la chair s'embrassent dans l'infini.

Malheureusement le genre humain est d'un autre avis ; il estime que cette perturbation soudaine produite dans l'enfant atteste l'invasion d'un mal. Et quiconque a vu de près l'enfance, ne peut plus sur ce point se faire d'illusion. Ah ! Messieurs, si cette passion qui a la puissance de séduire toute humanité et spécialement la jeunesse était le bien, rien que le bien, elle entrerait dans une âme comme y entre le bien, c'est-à-dire dans la paix et la sérénité. Quand elle serait entrée, elle y verserait ces tranquilles joies que le bien multiplie partout où il se pose. Et quand elle sortirait de la vie, elle y laisserait après elle comme le vestige embaumé d'une félicité qui a passé, pareil à cette odeur suave que laisse dans un vase un parfum précieux. Or, est-ce bien là ce que vous avez vu dans les enfants à cette heure du mystère ? Hélas ! non ; lorsque l'enfant subit pour la première fois les atteintes de la volupté, je l'ai dit, et vous l'avez pu lire à son visage, il éprouve un trouble inconnu; et à la perturbation qui se fait en lui, on peut juger qu'un mal vient de le toucher. S'il ouvre son cœur à cette passion redoutable, si elle y entre et y demeure comme dans son domaine, alors elle y fait ce que fait le mal : elle souille, elle déshonore, elle ravage; et quand elle se retire, elle laisse derrière elle ce que laisserait sur ses traces un monstre dévorant, des désastres et des désolations. Ainsi, tout proclame dans la vie des enfants, encore plus haut que dans la vie des hommes, que cette puissance qui entre dans l'âme pour la troubler, qui y demeure pour la dévaster, et qui en sort en y laissant la ruine, n'est pas un bien qu'il suffit de diriger, un instinct légitime qu'il faut satisfaire, mais un mal qu'il faut combattre, un instinct désordonné qu'il faut réprimer dans l'enfant, pour sauvegarder la vie dans l'homme.

Mais je dois en convenir, il s'en faut que toutes les philosophies même purement humaines aillent jusqu'à légitimer dans l'enfance cet empire de la volupté. Des sages affectant une doctrine plus austère diront : Non, cette invasion de la volupté dans un enfant, ce n'est pas le bien, c'est le mal, c'est le grand mal de l'enfance ; mais ainsi le veut la condition humaine ; c'est un mal nécessaire, c'est une crise inévitable. L'enfant à l'heure normale de cette crise entre en possession de lui-même ; à lui de se défendre contre le mal qui le menace. Si par le fait des hommes ou par le malheur des situations, cette crise vient avant l'heure, c'est un mal et un péril de plus ; mais un mal qu'on ne peut guérir, un péril qu'on ne peut conjurer. C'est d'ailleurs un mal qui par lui-même ne franchit pas le domaine de la personnalité. Jusqu'à ce qu'il arrive à des manifestations qui blessent ce qui l'entoure, et heurtent avec violence les hautes convenances de la vie sociale, les instituteurs n'ont qu'à laisser l'enfant aux conseils de sa raison et aux décisions de sa liberté. Sur ce point, la surveillance est impossible, la sollicitude inutile, la répression dangereuse. Donc, se renfermer vis-à-vis de cette inévitable crise dans une réserve et une abstention prudente ; fermer les yeux pour ne pas voir et n'avoir pas l'obligation de sévir : tel est le système de pédagogie que des instituteurs n'ont pas toujours craint d'avouer, et que des parents quelquefois ne craignent pas d'accepter.

Et cependant, Messieurs, qui parmi vous pourrait avec sa raison, sa conscience et son cœur, souscrire à ce système d'abstention proposé par une sagesse désespérée? Où est l'instituteur, où est le père, où est la mère surtout, qui fermera les yeux, calmera sa conscience et, se croisant les bras, dira devant cette enfance si effroyablement menacée : « Il n'y a rien à faire ? » Où donc cette facile, ou plutôt cette cruelle abstention produira-t-elle pour l'enfant et pour son éducation des fruits de vie, de salut et de fécondité ? Où cette abdication du ministère de l'amour et de l'autorité devant le plus grand mal qui menace un enfant, pourra-t-elle être acceptée ?

Sera-ce dans l'éducation *privée ?* Sera-ce là, dans ce sanctuaire de religion, dans ce royaume du dévouement, dans la famille enfin, que la paternité et la maternité conspireront avec le représentant de leur tendresse et de leur autorité, pour laisser leur enfant dans un isolement si fatal au développement de sa vie? O père! ô mère! ah! si le mal est déjà si grand qu'il a fermé devant vous le cœur de votre enfant, je comprends votre embarras. Mais où est le père qui, dans cette crise solennelle, croira en ne faisant rien avoir assez fait pour le devoir de sa paternité? où est la mère, surtout, qui dans une situation pareille ne s'efforcera de trouver quelque ouverture secrète pour entrer encore, si elle le peut, dans le cœur de son enfant? Et alors même qu'elle se sentira impuissante à y pénétrer elle-même, quelle mère digne de son nom pourra calmer les alarmes de son cœur, jusqu'à ce qu'elle ait trouvé pour veiller sur la pureté de son ange un autre ange de la terre? Comment se reposera-t-elle, jusqu'à ce qu'elle ait rencontré un ami, un guide, un médecin de cette chère âme, pour lui donner, avec le conseil d'une sagesse éclairée, l'appui d'un cœur dévoué et porter à ses blessures les douces mains de la charité? Non, l'abstention ici n'est pas prudente, elle est insensée; elle n'est pas paternelle, elle n'est pas généreuse, elle n'est pas sainte; elle est égoïste, elle est cruelle, elle est immorale. Encore si le mal s'arrêtait là toujours comme à son extrême limite! Je n'ose vous dire que des parents se rencontrent quelquefois qui poussent encore plus loin l'aveuglement et l'immoralité, demandant au mal lui-même le remède du mal, et sous prétexte de modérer de redoutables instincts prenant le parti de leur donner satisfaction!...

Où donc cette abstention systématique devant ce mal grandissant sera-t-elle acceptable? Sera-ce dans l'éducation publique, au collége, au pensionnat? Là, dira-t-on, il faut en prendre son parti: ni la surveillance, ni l'autorité, ni le dévouement ne peuvent plus atteindre le fond même de la vie. Là l'enfant se plie par le dehors aux règlements impératifs et subit les exigences d'une discipline qui force les volontés à un ordre inflexible. Mais dans le domaine de sa vie intime, l'enfant est seul; il a encore, s'il le veut, pour le conseiller et le défendre, Dieu et sa conscience; mais pour lui apporter par le dehors secours et protection, pour entrer dans son cœur et y atteindre par la tendresse et par l'autorité le mal qui l'attaque, il n'a personne.

non personne : à la lettre, l'enfant est seul, d'autant plus seul et d'autant plus menacé, que la foule qui l'environne multiplie sa solitude en multipliant ses dangers. Or qui pourra souhaiter pour un enfant de quatorze ans cette effroyable solitude, alors que trop faible pour trouver en lui-même la force de vaincre les assauts qu'il subit au dedans, il est plus faible encore pour se défendre contre les attaques qui lui viennent du dehors? Lorsque tous ces foyers de concupiscence si rapprochés les uns des autres se renverront leurs mutuelles ardeurs, et feront de l'air même qu'il respire un aliment de volupté; comment alors l'enfant, non-seulement isolé, mais envahi, mais obsédé par le mal, sauvera-t-il avec sa pureté l'intégrité de sa vie et l'honneur de son éducation? Un homme a dit : « Qui assemble le peuple le corrompt. » C'est que chaque homme porte au cœur un foyer de concupiscence toujours prêt à rayonner autour de lui, s'il n'y a une puissance capable de neutraliser son action contagieuse. Cette puissance de perversion inhérente aux grands rassemblements où les hommes apportent tous un même fonds de corruption, est surtout effrayante dans l'adolescence, alors que le péril de la curiosité, l'attrait du nouveau, le charme de l'inconnu, l'ardeur du sang, la vivacité de l'imagination, et je ne sais quel besoin d'expansion naturelle à l'enfant, multiplient indéfiniment cette force de contagion par une action et une réaction toujours croissantes. Aussi je comprends que de Maistre ait pu dire, inspiré tout à la fois et par sa haute raison et par de lamentables expériences : « L'œil du sage s'arrête douloureu-« sement sur ces amas de jeunes gens où « les vertus sont isolées et les vices mis en « commun. » C'est en effet avec un effroi douloureux que la paternité et la maternité, et tous ceux qui avec elles ont souci des âmes, contemplent cet étrange spectacle : trois ou quatre cents enfants, à l'heure où les sens s'éveillent et où les passions bouillonnent, jetés dans cette atmosphère incandescente ; et plus haut, les instituteurs planant dans une indifférence tranquille au-dessus de ces orages, et croyant avoir assez fait si, renfermés dans une calme abstention, ils maintiennent dans cette foule ardente un ordre convenu et une discipline de commande.

Que reste-t-il en dehors des influences directes de la religion pour protéger ici vos enfants, si ce n'est de demander à la raison, à la philosophie, à la morale humaine de sauvegarder en eux le trésor de la pureté ? Une philosophie animée des meilleures intentions entreprend en effet cette œuvre difficile. Sous prétexte qu'il y a des vertus morales que la raison peut enseigner à l'homme, elle croit pouvoir dans l'éducation de l'enfance remplacer le christianisme. N'y a-t-il pas des principes moraux qui sont la base de la vie, et que la raison de l'enfant peut entendre, même sans avoir recours à l'enseignement de l'Eglise? Ne peut-on sans Jésus-Christ et son prêtre parler à l'enfant de justice, d'obéissance, d'autorité, d'ordre, surtout de charité et de fraternité ? Si l'Église a son catéchisme, la philosophie, de son côté, n'a-t-elle pas le sien ? Et pour ce qui concerne directement la pureté, la sagesse humaine parlant par la bouche d'un honnête homme, ne peut-elle apprendre à l'enfance que soumettre la chair à l'esprit est le premier devoir de l'homme, le plus grand honneur de l'homme, le plus haut intérêt de l'homme? Ne peut-elle par elle-même persuader à tous que la pureté est le plus doux charme de l'enfance, la plus belle fleur de la jeunesse, la plus glorieuse couronne de la maturité? Oui, Messieurs, assurément, une philosophie honnête peut faire entendre à l'enfance cette austère morale; mais un seul mot fait tomber cette dernière ressource d'une éducation purement humaine, et ce mot est celui-ci : *impuissance*.

Cette chaire de Notre-Dame se souvient encore des accents qui l'ont émue avec ce grand auditoire, lorsqu'un incomparable orateur, avec une hauteur de raison qui n'était surpassée que par la magie de son éloquence, démontra devant vous qu'aucune doctrine et aucune religion humaine n'a jamais pu arriver à produire la chasteté. Je ne redirai pas les raisons qui établissent un fait que l'incrédulité la plus obstinée et le parti pris le plus aveugle n'ébranleront pas : l'impuissance de la philosophie pour produire des chastes. Mais, appuyé sur cette démonstration comme sur une inébranlable base, je m'écrie : Si les doctrines philosophiques, même les meilleures, n'ont rien pu pour créer la pureté dans les hommes, comment croirai-je qu'elles trouveront tout à coup la puissance de la produire dans les enfants et les adolescents ? Si la philosophie purement humaine est stérile ici dans les hommes faits, c'est-à-dire dans les âmes les plus capables de concevoir la vérité de ses enseignements, comment la croirai-je féconde dans les enfants dont la raison faible encore ne les saisit que médiocrement, et dans les adolescents dont les passions déjà fortes obscurcissent les clartés de l'humaine raison ?

Ne serait-il pas d'ailleurs prodigieux que la philosophie eût sur ceux qui reçoivent la leçon une efficacité qu'elle n'obtient pas sur ceux qui la donnent ? On dit que la philosophie n'arrive pas à rendre chastes même les philosophes. Appliquée aux sages de notre temps, cette parole est peut-être une calomnie. Quoi qu'il en soit de nos philosophes contemporains, je ne puis oublier que saint Paul a décrit dans une page à jamais ineffaçable les orgies sensuelles des maîtres de l'antique sagesse, en des termes qui désespèrent notre langue française, et que, tout sacrés qu'ils sont, je ne me résigne pas à traduire devant vous. Et ceux dont il veut parler, ils n'étaient pas de ces vulgaires penseurs dont la race stérile foisonne dans nos temps pour le malheur des sociétés ; ils étaient des plus illustres; et leur illustration, consacrée par le suffrage des siècles, n'a servi qu'à rendre plus éclatante l'impuissance de la philosophie à rendre chastes et purs les philosophes eux-mêmes. Les disciples, sous ce rapport, n'ont pas valu mieux que les maîtres. Lorsque Socrate le sage et Platon le divin eurent fait entendre, dans le plus célèbre sanctuaire de la philosophie antique, leurs leçons de sagesse, que vit-on dans la cité des savants, des artistes et des philosophes ? On y vit le scepticisme, le matérialisme et le cynisme se promener dans les rues d'Athènes sous les noms de Pyrrhon, de Diogène et d'Aristippe, insultant par les débauches de leurs mœurs, autant que par la folie de leurs doctrines, à la morale et à la philosophie convaincues d'impuissance pour créer des mœurs pures. Tous les voluptueux étaient demeurés voluptueux, avec l'orgueil de plus et le remords de moins. Tout ce bruit de sagesse et d'éloquence n'avait abouti qu'à faire douter de tout, même de la vertu; et une chasteté humaine ne se rencontra pas pour glorifier des enseignements réputés si divins.

Et aujourd'hui, quoi qu'on en dise, nos maîtres de philosophie et nos professeurs de vertu ne sont pas plus heureux. Je veux bien admettre, comme une rare exception, l'influence d'une morale humaine sur une âme heureusement douée, pour modérer certaines passions; mais, règle générale, la philosophie moderne n'est pas plus efficace que la philosophie antique pour créer par l'enseignement des générations marquées du signe de la chasteté. J'adjure les hommes dont l'enfance n'a connu pour enchaîner leurs passions naissantes d'autre frein que celui d'une morale humaine, ou qui après avoir reçu jusqu'à quinze ans l'influence puissante de la discipline chrétienne, l'ont rejetée tout à coup comme un joug importun; j'adjure ces hommes qui ont aujourd'hui cinquante ans, de se recueillir dans la lumière de leur passé, et de se demander ce qu'a pu pour enchaîner en eux la volupté, la morale des nouveaux Socrates et des modernes Platons dont leur jeunesse entendit peut-être avec enthousiasme les leçons éloquentes ? Et aujourd'hui, hommes de cinquante ans, qui à votre tour avez des enfants prêtant l'oreille aux leçons de la philosophie contemporaine, qui parmi vous, la main sur sa conscience, oserait dire : « Mon fils était menacé par la volupté, mon fils était voluptueux déjà, il allait se perdre et se pervertir : je jure que la philosophie l'a sauvé ; je jure que la philosophie l'a fait chaste ? » Qui oserait tenir ce discours? qui l'oserait?... Personne !

Messieurs, croyez-le bien, ce ne sont pas les hommes que j'accuse, ce sont les choses. Le dévouement des maîtres peut bien un peu neutraliser ou modérer le mal ; fût-il même le plus pur et le plus désintéressé, il ne pourrait suppléer la puissance qui fait ici défaut à tout ce qui n'est que rationnel et humain. Eh bien, ce que l'éducation purement rationnelle et humaine ne peut pas faire, l'éducation chrétienne le fait ; c'est ce qu'il me reste à montrer pour achever ce discours et compléter cette démonstration.

III

La pureté est, dans notre condition présente, une si difficile et si sublime chose, que pour la faire sortir de ce fond corrompu de notre nature et de notre humanité, il faut plus que des forces naturelles et des doctrines humaines; il faut des révélations, des forces, des influences d'un ordre surnaturel et divin. C'est là ce qui donne sous ce rapport à l'éducation franchement chrétienne une puissance qui ne connaît pas de rivale et une influence hors ligne. Et quand je dis éducation chrétienne, veuillez le remarquer, je n'entends pas l'éducation sacerdotale et, comme on se plaît à dire aujourd'hui, *cléricale ;* j'entends une éducation qui relève de Jésus-Christ et de l'Église, qui s'inspire de Jésus-Christ et de l'Église ; et le laïque, lui aussi, est disciple de Jésus-Christ et enfant de l'Église. Je ne prétends pas dire non plus que tout enfant confié aux mains d'un instituteur chrétien est nécessairement chaste, et voué pour toujours au culte de la pureté. Armé de sa liberté, l'enfant est quelquefois par ses vices plus fort que tous les dévouements, et, si je le puis dire, plus fort que Dieu même. Dieu, respectant déjà la liberté même dans un enfant, ne veut pas que sa pureté soit le fruit d'une violence même divine. J'ai vu de rares enfants perdre la fleur de leur pureté sous les influences les plus sacrées, les plus célestes, les plus divines. Mais ce qu'il importe de remarquer, et ce qu'il est impossible de nier sans calomnier le christianisme et l'enfance élevée dans ses bras, c'est que dans la grande majorité des enfants qui grandissent à son ombre, il produit la pureté dans la mesure que comporte l'infirmité humaine. Ici, je le sais, ma parole trouvera des incrédules. Tel est le malheur de notre temps, telle est la perversion de nos mœurs, que des hommes, croyant n'être que sincères, se sont demandé si la pureté n'est pas entièrement exilée de la terre, et si parmi nous il est encore des chastes. J'en ai rencontré qui acceptaient sans combat et sans protestation l'empire de la volupté sur leur jeunesse, et qui en se courbant sous son joug estimaient ne faire que comme tout le monde. Messieurs, rassurez-vous; non, violer la pureté en soi, même dans les ardeurs de la vie, ce n'est pas faire comme tout le monde; non, la pureté n'est pas, même à cette heure, exilée de la terre. Grâces au Ciel, gloire à Jésus-Christ, il est encore des chastes parmi nous : je l'affirme, parce que je le sais. Mon âme touche à beaucoup d'âmes, ma vie à beaucoup de vies; eh bien, je le déclare devant Dieu qui me jugera, et devant le siècle qui m'écoute, oui, il y a des chastes. Je connais des enfants, je connais des adolescents, je connais des jeunes gens au cœur chaud et aux passions ardentes, qu'on nommerait bien, comme un jeune saint, des anges dans une chair humaine; et qui, dans cette chair orageuse et déjà tourmentée, portent l'honneur d'une pureté virginale et d'une chasteté angélique.

Voilà ce que j'affirme en portant aux incrédulités les plus obstinées, et aux dénégations les plus ironiques, le défi de donner à ma parole le démenti de la vérité. Mais ce que je dois ajouter pour compléter un témoignage nécessaire à la démonstration de mon sujet, c'est que ces anges dans la chair, je les ai rencontrés portant au cœur l'empreinte profonde, et au front le signe authentique d'une éducation vraiment chrétienne. C'est qu'en effet l'éducation chrétienne a pour sauvegarder la pureté des enfants formés par ses mains d'incomparables ressources. Elle a des illuminations, des forces et des influences que la philosophie ne connaît pas : illuminations de la doctrine, force des sacrements, influences des personnes ; trois choses qui se complètent pour constituer dans l'éducation chrétienne la grande école de la pureté.

Et d'abord, tout ce que peut dire et enseigner de plus efficace la philosophie la plus spiritualiste, le christianisme le dit et l'enseigne ; et il le dit et l'enseigne mieux que la philosophie elle-même. Mais plus haut que cette sphère où la sagesse humaine rend ses oracles, presque toujours, à son insu, échos des enseignements divins, l'éducation chrétienne donne à l'âme de l'enfant des illuminations transcendantes, qui font à la pureté qu'elle lui demande une couronne céleste, et lui donnent une attraction divine. C'est elle qui apprend à l'enfant que son corps est un temple, son âme un sanctuaire, son cœur un tabernacle où Jésus-Christ vivant vient résider, pour faire ainsi de tout son être un habitacle de la Divinité, et comme un ciel où doit briller sans cesse aux regards de Dieu et de ses anges l'astre de la sainteté. C'est elle qui découvre à l'enfant dans le trésor de son innocence le prix du sang d'un Dieu; et qui le montre lui-même à lui-même vêtu de sa pureté, comme d'une robe céleste et comme d'une pourpre divine. C'est elle enfin qui fait apparaître dans les profondeurs du ciel l'idéal de la pureté, rayonnant du visage du Christ et de la Vierge immaculée sur l'humanité chrétienne, appelée par le christianisme à se faire à leur image.

Ainsi l'éducation donne à l'enfant des illuminations qui font aimer la pureté, en lui faisant une couronne de lumière surnaturelle qui réfléchit dans son âme la sainteté de Dieu. Et avec la lumière qui lui montre la pureté dans sa beauté idéale et réelle, l'éducation chrétienne crée la force de l'embrasser. Car, malgré ce céleste rayonnement qui l'embellit, et lui donne sur l'âme de l'enfant une attraction merveilleuse ; à l'heure où la nature en lui fait appel au sens dépravé, le disciple de l'éducation chrétienne ne laisse pas de sentir, lui aussi, à l'égard de la pureté je ne sais quelle répulsion, qui n'est autre que la difficulté de vaincre en lui l'homme inférieur, pour la faire régner couronnée de la gloire du combat, dans les hautes régions de lui-même. Alors, avec la lumière qui montre la pureté sur la terre plus belle que les anges du ciel, il faut dans la volonté une force que ne donne pas la nature toute seule. Ce qui vous manque à vous-mêmes, Messieurs, pour vaincre en vous cet ennemi, l'expérience vous l'a trop bien appris : ce n'est pas la lumière, c'est la force. Vous avez dans votre nom le signe de la force, mais vous avez dans tout votre être la réalité de la faiblesse. Donc, pour que cette âme, ce cœur et ce corps encore purs se sentent invulnérables, il faut que, comme Achille, ils soient trempés dans des eaux mystérieuses, d'où ils sortent non plus seulement vêtus de la grandeur et de la beauté de l'homme, mais vêtus de la force et de la puissance de Dieu, pour vaincre dans ces difficiles combats où l'homme du ciel est aux prises avec l'homme de la terre. Et voulez-vous savoir où se fait dans l'éducation chrétienne cette trempe de l'âme et du corps qui préserve de la mort ou ressuscite à la vie la pureté des enfants? Ah! vous ne pouvez l'ignorer ; elle se fait au bain fortifiant et régénérateur où l'Église nous plonge par tous ses sacrements ; elle se fait dans les eaux de la pénitence, et elle se fait dans les flots du sang de Jésus-Christ : elle se fait dans la confession, et elle se fait dans la communion ; elle se fait, en un mot, dans cette pure atmosphère formée autour de l'enfant par toutes les pratiques saintes et toutes les célestes choses.

Avec ces illuminations qui font rayonner la pureté d'un éclat tout divin, et avec ces sources sacrées d'où jaillit jusqu'à l'âme des enfants une force toute divine à l'heure de ses combats, il y a dans le christianisme pour sauvegarder la pureté dans le cœur de vos enfants une troisième chose non moins décisive : il y a des instituteurs capables d'inspirer la pureté par leur exemple, de la surveiller par leur sollicitude, de la défendre par tous leurs dévouements. C'est ici surtout qu'il importe de s'interroger et de se rendre compte de soi-même à soi-même, alors qu'il s'agit d'accepter vis-à-vis de l'enfance ce ministère trois fois redoutable. Quand on songe qu'il faudra toucher chaque jour de ses mains ces fleurs humaines où se peint la beauté de Dieu; quand on se dit qu'il faudra former ces âmes avec son âme, ces cœurs avec son cœur : cœurs tendres, âmes candides, qu'un regard peut souiller, qu'un souffle peut ternir et qu'une seule parole peut blesser à jamais ; oh ! c'est alors qu'on a lieu de se demander devant soi-même et devant Dieu, si l'on a bien pour ce ministère tout ce qu'exige le christianisme d'un véritable instituteur de l'enfance? Et quoi donc? Que demande ici le christianisme à l'instituteur chrétien? Il veut qu'il soit le bouclier de l'homme pour cette pureté de l'enfance déjà couverte de la force de Dieu ; et pour constituer cette protection efficace, il exige de lui ces trois choses qui concourent au même but : une pureté d'ange, une sollicitude de prêtre, un dévouement de mère.

Une pureté d'ange : oui, car si l'instituteur doit parler peu de la pureté, pour ne pas même évoquer l'idée du vice qui fait ombre à sa beauté, il faut que tout son être la respire et la rayonne ; il faut qu'il en porte sans cesse aux regards de l'enfant la physionomie céleste et en verse en son cœur le naturel parfum. Une sollicitude de prêtre : oui, une garde sainte faite la nuit et le jour autour de ce cœur d'enfant qu'habite une pureté encore ignorante et candide, ou autour de ce cœur d'adolescent qui renferme l'orage, et déjà connaît l'honneur d'une chasteté éprouvée : voilà ce qu'il doit accepter et pratiquer comme le plus simple et le plus vulgaire devoir de sa fonction. Regarder ou écouter pour déjouer l'ennemi qui menace ; ouvrir les yeux pour voir un signe, les oreilles pour entendre un mot ; écarter d'une main discrète le poison qui se cache dans un livre, dans un discours, dans une amitié dangereuse ou prête à le devenir ; veiller en un mot autour du cœur de vos enfants pour y garder la pureté, comme le prêtre veille sans se lasser autour du tabernacle d'or pour y garder Jésus-Christ : vigie sacrée qui couvre la nuit et le jour d'un sympathique regard ce trésor inestimable que l'homme encore enfant porte au début de sa vie dans un vase, hélas! si fragile : telle est la seconde chose que Jésus-Christ met au cœur de l'instituteur digne de sa vocation et de lui. Et avec cette sollicitude de prêtre et cette pureté d'ange, le christianisme produit dans les instituteurs pour protéger la pureté des enfants, ce qui est plus fort que tout, un dévouement de mère! Ah! qui mieux qu'une mère chrétienne peut sentir le prix de ce trésor céleste déposé par le Christ dans l'âme d'un enfant, l'innocence? J'ai vu des mères verser leurs larmes les plus brûlantes devant une révélation qui, déchirant pour elles le voile de leurs plus chères illusions, laissait voir à leur cœur à jamais blessé la chute de cette innocence; j'en ai vu, et c'étaient des plus saintes et des plus tendres, préférant la mort pour elles-mêmes à une souillure pour l'âme d'un enfant; et prêtes pour conserver leur chasteté dans tout son virginal éclat, à accepter tous les sacrifices, même les plus douloureux et les plus héroïques. Aussi, qui sera digne de prendre près d'un enfant la fonction d'une mère, s'il n'a dans son cœur ce généreux amour et cette abnégation sublime, qui fait du dévouement de nos mères la plus belle et la plus grande chose de l'humanité? Eh bien, Messieurs, quelle qu'en soit la raison, c'est un fait, le christianisme crée dans l'âme de l'instituteur vraiment chrétien ce dévouement des mères, qui a l'ambition de se sacrifier de toute manière pour protéger l'innocence des enfants; dévouement trempé dans le sang du Christ, et qui, pour faire croître sous la rosée de ce sang la fleur céleste de la pureté, consent à donner ses loisirs, ses talents, ses forces, son travail, sa souffrance, ses larmes, oui ses larmes; et au besoin donnerait son propre sang.

Voilà ce que le christianisme s'efforce partout de créer pour conserver dans l'éducation cette pureté sans laquelle, comme je le montrerai, il ne peut plus y avoir d'éducation. Peut-être votre pensée m'arrête et me dit : Mais cet idéal d'instituteur pur comme un ange, vigilant comme un prêtre, dévoué comme une mère, c'est un beau rêve, une chimère sainte, que l'imagination peut produire partout, mais que la réalité ne nous laisse rencontrer nulle part. Messieurs, j'en conviens, il n'est pas donné à tous de réaliser cet idéal ; et je veux avouer que même dans le christianisme, tous en effet ne le réalisent pas. Qui ne comprend tout ce qu'il faut de vertu, de sainteté, d'héroïsme quelquefois, pour reproduire dans toute sa grandeur un type si sublime? et quoi d'étonnant que notre faiblesse nous retienne ici au-dessous de ce que le christianisme nous montre? Mais à côté de cet aveu que je dois à la vérité, je maintiens deux affirmations que j'estime inébranlables : la première, c'est que le christianisme pose devant nous cet idéal, et oblige à y tendre; la seconde, c'est qu'en réalité le christianisme produit des hommes qui y tendent de toutes leurs forces, et, malgré des défaillances que l'humanité porte partout avec elle, réalisent cet idéal dans la mesure nécessaire pour faire dans vos enfants l'éducation de la pureté.

Aussi, heureux les pères, heureuses les mères dont l'âme a su deviner ces âmes, et dont le cœur a su comprendre ces cœurs! Plus heureux les enfants qui, ayant trouvé au début de leur vie, préparés par la Providence, des instituteurs tels que je viens de les peindre, conspirent avec eux pour garder leur pureté; qui se laissent sans résistance édifier par leurs exemples, surveiller par leur sollicitude, garder par leurs dévouements et façonner par leurs mains sur le modèle du Christ et de sa Mère immaculée! L'enfant dans cette atmosphère de lumière et de vie surnaturelle, gardé par ses maîtres comme une fleur du ciel loin des orages de la terre, demeure jusqu'à dix-huit ans pur et sans tache. Oh! qu'il est beau alors l'enfant bien élevé; il était beau à dix ans, portant sur son front candide une pureté encore ignorante d'elle-même; mais qu'il est bien plus beau à dix-huit ans, alors qu'il porte dans une beauté déjà virile la gloire du combat. Son intelligence est inondée de lumière; son cœur est ouvert aux saintes affections; son âme s'est élevée par l'habitude de respecter; sa volonté s'est affermie sous la mâle discipline de l'obéissance; et homme déjà par sa force et par sa dignité, il est enfant encore par son innocence et par sa pureté. Il est à cette heure charmante mais solennelle de la vie où la beauté de l'homme a déjà tout son éclat, sans avoir encore une souillure; et l'admiration en le saluant peut lui dire avec amour dans un langage qui ne ment pas : Vous êtes beau, aimable enfant, vous êtes beau tout entier. Votre pensée est pure, votre imagination est pure, votre cœur est pur, votre âme est pure, votre corps lui-même est pur : tout en vous est pur; et vous aussi vous êtes immaculé ; car il n'y a pas de tache en vous, *macula non est in te*. C'est l'éclat de cette pureté qui, en rejaillissant de toutes les profondeurs de son être sur un front déjà si beau, donne à cet enfant le dernier complément de la beauté humaine. Sa foi, son amour, son respect, son obéissance, reçoivent de cette pureté, avec le sceau de leur durée, un parfum qui les embaume et une fleur qui les embellit ; et quand cette race de bien élevés traversera le monde, portant au front cette douce mais éclatante auréole, le monde malgré lui s'écriera : Voyez passer la génération des chastes ; génération choisie, formée sous les regards du Christ et de la Vierge immaculée, portant au milieu des hommes la pureté des anges, et montrant à la terre un rayon dérobé à la beauté du ciel.

SEPTIÈME CONFÉRENCE

SEPTIÈME CONFÉRENCE

LE PROGRÈS DANS L'ÉDUCATION

PAR LA PURETÉ CHRÉTIENNE

(SUITE.)

ÉMINENCE,

Le complément nécessaire de la formation de l'homme, nous l'avons vu, c'est la pureté de son corps. Ecole de foi, d'amour, d'obéissance et de respect, l'éducation est encore une école de chasteté. Une heure sonne d'ordinaire dans la première saison de l'homme, où l'éveil des sens et l'invasion de la volupté deviennent la grande crise de sa vie et le suprême danger de son éducation. Il faut conjurer ce danger et le défendre dans cette crise. Or, que fait pour l'enfant dans cette heure redoutable l'éducation qui ne s'inspire pas de Jésus-Christ? Ou elle nie le mal qui envahit l'enfant, ou elle le dissimule pour n'avoir pas à le réprimer, ou elle demande à la sagesse humaine des remèdes inefficaces; en toute hypothèse, elle laisse l'enfant sans défense suffisante contre le plus grand péril de son éducation et de sa vie.

Le christianisme, au contraire, a sous ce rapport, pour préserver ou guérir, pour empêcher de tomber ou relever après la chute, des ressources que la sagesse humaine ne connaît pas; ressources des doctrines qui donnent la lumière, ressources des sacrements qui donnent la force, ressources des personnes qui donnent la protection par la triple influence de l'exemple, de la sollicitude et du dévouement. Et lorsque le génie du mal ou une perversion exceptionnelle n'a pas trompé dans l'éducation les industries du ciel et de la terre, l'enfant demeure chaste et pur comme un ange; sa pureté, rejaillissant sur tout son être, donne à toute sa vie une incomparable beauté;

et l'instituteur peut, en regardant son chef-d'œuvre, comme Dieu après la création de l'homme, se reposer et s'applaudir.

C'est ici que je voudrais me livrer avec vous aux transports d'une légitime admiration devant la ravissante beauté de cet enfant, chef-d'œuvre de Dieu achevé par la main de l'homme. Je voudrais parcourir la création entière, interroger le ciel et la terre, pour trouver des images capables de peindre aux regards toute cette beauté de son âme qui se reflète sur son corps, et ajoute à toute sa vie une grâce et une suavité toute céleste. Une seule nous suffira pour laisser dans vos âmes une esquisse de ce bel et grand ouvrage. Représentez-vous comme un arbre cette vie de l'homme qu'un auteur a nommée *la plante humaine*. Cet arbre semé par la main de Dieu a poussé dans une terre ferme des racines profondes; secoué par la tempête, il s'est ployé et redressé sans se rompre jamais, et il s'est fait avec de vigoureuses racines un tronc robuste; il est solide et ferme; arrosé par les pluies du ciel et fécondé par des soleils chauds, il a déployé ses vastes rameaux et son large feuillage;

et poussé tout à la fois par la séve qui montait de ses racines et par la chaleur qui l'attirait en haut, il s'est élevé dans les airs, et porte sa tête dans les nues ; enfin, aspirant autour de lui un air libre de toute corruption, il a gardé tout l'éclat et toute la pureté de sa vie ; et il se baigne avec une grâce, une force, une majesté et une beauté pareilles dans la lumière du ciel.

Messieurs, voilà l'enfant bien élevé : la foi lui a donné ses racines, l'amour son épanouissement, l'obéissance sa force, le respect sa grandeur, la pureté sa grâce; et la religion et la piété ont tout transfiguré : c'est la plus grande merveille de la création ; c'est le plus beau chef-d'œuvre de Dieu achevé par le travail de l'homme.

Pour anéantir ce chef-d'œuvre de Dieu, et dévorer le fruit de tous les efforts de l'homme; pour effacer toute cette grâce et ternir au front de l'enfance tout l'éclat de cette beauté; pour épuiser enfin toute la séve de la vie, et faire languir avec toutes ses puissances l'homme tout entier, que faut-il? Une seule chose : la volupté, qui venant se poser au cœur de cette vie encore jeune, ronge ses fibres les plus intimes et tue l'homme dans sa fleur.

Un mot célèbre a été prononcé à propos de l'éducation, et ce mot a eu dans une polémique sincère en ses ardeurs un retentissement qui ne fut ni sans intérêt ni sans fruit ; on a dit : *le ver rongeur de l'éducation*. Je n'ai pas à m'occuper ici de l'idée qu'exprimait alors ce mot ; je prends le mot lui-même ; et y mettant une vérité qui doit rallier des points les plus extrêmes du monde moral toutes les convictions désintéressées, je dis qu'il y a un ver rongeur de l'éducation de l'homme. Ce ver rongeur est le vice qui porte la honte dans son nom ; comme la séve la plus féconde de l'éducation de l'homme, est cette vertu dont le nom resplendit d'honneur, la pureté. Pour bien établir cette importante vérité, il nous suffit de revenir sur nos pas dans la carrière déjà parcourue, et de montrer à la lumière des choses et au flambeau de l'expérience, comment les grands éléments d'éducation, qui reçoivent de la pureté leur nécessaire complément, sont dévorés par le vice contraire. Vous allez voir toute cette magnifique croissance de la vie représentée par cet arbre splendide, dévorée par ce ver rongeur de toute éducation ; et la volupté multipliant les ruines, même au printemps de la vie, défaire au lieu de l'achever le chef-d'œuvre de Dieu, et anéantir au lieu de les seconder dans l'éducation de l'enfant tous les efforts de l'homme.

Et d'abord, Messieurs, voici dans l'éducation de l'enfant une inévitable ruine : plus de pureté, plus de religion ; plus de chasteté, plus de piété. Nous l'avons remarqué dans notre première conférence, la religion est la source divine de l'éducation de l'homme ; c'est sa séve, c'est sa vie, c'est son arome. Le jour où la piété s'éteint et où la religion meurt dans un enfant, l'éducation ne peut plus être.

Or, ce qui sauvegarde le plus la religion et la piété dans un enfant, c'est la pureté. Le vice qui entre dans un cœur d'enfant pour en flétrir la fleur et y tuer la pureté, y flétrit et tue du même coup la piété et la religion. Quand ce monstre l'a touché, quand ce ver l'a piqué à l'intime de la vie, la piété s'enfuit de lui, et d'élevée qu'était cette jeune âme vers les plus célestes choses, elle s'incline et penche. O pères, ô mères, regardez alors votre enfant : hier encore il cherchait Dieu par tout son être; aujourd'hui vous diriez qu'il ne peut plus regarder le ciel. Le monde du surnaturel s'est fermé sur sa tête; il ne sait plus joindre ses mains ni fléchir ses genoux pour dire à Dieu : « Notre père. » Ni ses lèvres ne savent murmurer une prière; ni son cœur ne sait pousser un soupir vers ce Dieu devenu pour lui comme un étranger; il est indifférent à Dieu, insensible à Dieu, sourd à Dieu, dégoûté de Dieu, ennuyé de Dieu. Oui, à la lettre, Dieu l'ennuie, et tout ce qui vient de Lui, tout ce qui parle de Lui, le fatigue et l'importune. En vain la parole sacrée fait retentir son nom; en vain les harmonies le chantent; en vain l'encens montant au ciel sollicite son âme à monter avec lui; en vain le prêtre crie aux chrétiens assemblés : « *Sursùm corda ;* en haut les cœurs, en haut les pensées, en haut les désirs, en haut les âmes : » en lui tout est en bas, et, comme dirait Bossuet, *tout est à terre, tout est corps;* rien en lui ne sait plus monter. La piété cherche le ciel, toujours le ciel; la volupté cherche la terre, toujours la terre. Dieu et la chair, la religion et la volupté sont les deux pôles qui se repoussent éternellement ; et ces appétits qui ne poursuivent que la chair et ne remuent que la fange, n'ont rien de commun avec ces aspirations sublimes qui poursuivent l'invisible et cherchent l'infini. C'est que dans un seul homme, il y a deux hommes perpétuellement aux prises, l'homme du ciel et l'homme de la terre ; quand la volupté a vaincu, l'homme de la terre triomphe, et l'homme du ciel succombe. Alors, Messieurs, l'œuvre de l'éducation est atteinte dans son fond, parce que l'enfant est blessé au plus intime de sa vie : avec la piété il perd ces aspirations qui élèvent par leur cours naturel, et vont d'elles-mêmes de l'homme à Dieu, de la terre au ciel. Porté de bas en haut par la piété, il retombe de haut en bas par la volupté. La première l'élevait, la seconde le dégrade.

Ainsi le ver rongeur de l'éducation en dévorant la piété ôte à la vie le premier principe de son élévation. Et tandis qu'il la découronne par son sommet, il la mine par son fondement ; car l'enfant avec sa piété ne tarde pas à perdre sa foi, et à ébranler sous lui la base de sa propre vie.

Qu'est-ce, pensez-vous, qui d'ordinaire détruit la foi dans une jeune âme? Règle générale, c'est la volupté qui atteint un jeune cœur. Lorsque le cœur d'un enfant est pur comme à son premier jour; lorsqu'il n'a connu que les joies de l'innocence, les attendrissements de la famille et les douces émotions de l'amitié; lorsque sa vie ressemble encore à un lac tranquille, à un miroir sans tache, à un pur cristal; oh! alors la vérité entre en lui sans effort et y demeure comme en son lieu natal; la splendeur de notre dogme y brille et s'y réfléchit avec un facile et doux éclat, comme la lumière du soleil se réfléchit sur le poli du miroir, sur la surface du lac et dans la blancheur du cristal : entre cette âme d'enfant et la doctrine de l'Église il y a des harmonies intimes, je ne sais quelle correspondance secrète et quelle facile entente; la vérité naturelle brillant comme un flambeau allumé dans son intelligence, se rencontre là avec la vérité surnaturelle qui lui vient dans la parole de l'Église, autre flambeau qui l'illumine des clartés de Dieu ; et ces deux vérités au milieu de ce cœur d'ange se reconnaissant comme deux filles du ciel, s'embrassent dans le mystère d'une virginale pureté.

L'enfant demeuré pur ne comprend même pas que l'Église qui lui parle, et la doctrine qu'elle enseigne, trouvent des contradicteurs ; tout ce qu'elle lui dit a dans son âme de si faciles échos, et les vérités qu'elle proclame comme des dogmes lui semblent si bien faites pour son intelligence, qu'il n'a pas plus de peine à en recevoir la lumière dans son âme, qu'il n'a de peine à recevoir dans un œil sain le rayonnement du soleil. Mais une heure vient où cette vérité qui entrait comme chez elle au plus intime sanctuaire de sa vie, y rencontre tout à coup une opposition profonde. Ce pur flambeau de la foi, qui toujours a brillé devant lui et au milieu de lui-même d'une clarté si tranquille et d'une splendeur si douce, ne lui jette plus désormais qu'une lumière importune. Comme un œil malade fuit la clarté qui le réjouissait naguère ; ainsi cette jeune intelligence éprouve le besoin d'échapper à ce flambeau catholique, qui jusque-là avait éclairé dans son âme de si belles visions. Alors l'adolescent, le cœur obscurci par ce démon ténébreux, fuit la parole catholique, les livres catholiques, et tous les enseignements de la doctrine catholique. Pourquoi ce changement? que s'est-il passé dans l'intelligence de cet enfant? A-t-il à l'horizon agrandi de sa pensée découvert un soleil plus pur, un astre plus radieux? S'est-il aperçu, en se levant un matin, que tout l'enseignement de sa première enfance n'était qu'une religieuse séduction de son intelligence, un poétique enchantement de son imagination, une douce illusion de son cœur, en un mot, une tromperie de sa pensée? Non, rien de pareil ne s'est passé dans l'âme de cet enfant; un nouvel astre ne lui est pas venu; un nouveau soleil ne s'est pas levé; une nouvelle lumière n'a pas lui sur son intelligence. Qu'est-il donc arrivé? Quelque chose de nouveau s'est posé dans sa vie : la volupté, par je ne sais quels sentiers obscurs, est arrivée jusqu'à son cœur; elle est entrée dans son âme; elle y règne; et son premier besoin est d'en chasser la vérité et d'y éteindre la lumière. Hier innocent encore, l'enfant avec amour souriait à cette lumière; il tressaillait de bonheur au soleil de la vérité: aujourd'hui devenu charnel, il ne sait plus en supporter l'éclat, et il dit à la vérité : Laisse-moi et va-t'en. « L'homme charnel, dit saint Jean Damascène, ne peut supporter la lumière de la vérité; *Carnalis homo veritatis lumen prospicere nequit.* »

Tel est l'enfant dont le cœur a senti le coup qui détruit sa pureté. Il a quinze ans; il n'est pas achevé; son éducation n'est pas faite encore; il dit qu'il ne peut plus croire. Ce qu'ont cru saint Augustin, saint Thomas d'Aquin, Bossuet, et avec eux cette grande armée d'intelligences portant à travers dix-huit siècles la couronne de la vertu rehaussée par l'éclat du génie, lui ne peut plus le croire : il a contre la religion de sa mère des raisons profondes qu'il ne lui dira pas, parce qu'il est trop bon fils pour contrister sa mère. Qu'a-t-il donc contre sa foi, le philosophe de quinze ans? Qu'a donc contre le christianisme ce jeune illuminé? Pour n'être plus chrétien il a l'argument du paganisme : il a contre l'esprit la raison du corps. Sa chair veut avoir raison; l'Église doit avoir tort, et il dit qu'elle a tort;

il n'est plus croyant parce qu'il n'est plus pur. C'est toute la philosophie qu'oppose au christianisme le philosophe de quinze ans : et que j'ai vu dans ma vie de philosophes de quarante ans, voire même de soixante, qui n'en avaient pas d'autre!

Ah! Messieurs, voilà la grande douleur de ceux qui ont reçu sur la terre la mission de défendre et de propager la vérité : c'est de voir qu'un exemple, une parole, un souffle de volupté est plus fort dans l'âme d'un adolescent que ces démonstrations qui ont convaincu les plus grands hommes, et dont leur génie a fait resplendir le divin éclat dans des chefs-d'œuvre immortels. Les preuves les plus invincibles et les plus irrésistibles éloquences, sont moins puissantes pour lui persuader la vérité, que les émotions de la chair et l'ardeur de la convoitise pour lui persuader l'erreur ; la doctrine succombe sous la concupiscence ; la lumière disparaît ; elle fuit devant ces instincts grossiers qui ne sont à l'aise que dans les ténèbres et ne triomphent qu'à force d'oubli, de doute et d'ignorance. Dix ans d'étude n'ont pas tenu devant une heure de plaisir. La passion dans l'enfant s'est trouvée plus forte que la science ; sa volupté a vaincu sa foi.

Telles sont les deux premières ruines que fait la volupté dans un enfant, ruine de la foi et de la piété ; deux ruines qui se tiennent et souvent n'en font qu'une. Une troisième les suit infailliblement, la ruine du respect sans lequel l'éducation ne peut être et l'homme ne peut s'élever. Pour sauvegarder le respect des autres et le respect de soi-même, condition nécessaire de toute éducation, il faut regarder dans les hommes et dans les choses les côtés élevés et radieux, et il faut, autant qu'il se peut, laisser dans l'ombre les infimes régions de la vie. La bassesse dans l'humanité touche de si près à la grandeur, que la faculté de respecter ne nous demeure qu'à cette condition. Les âmes, nous l'avons dit, apprennent à s'élever en apprenant à respecter ; et elles apprennent à respecter, en contemplant la grandeur ; à force de regarder en haut pour saluer ce qui est grand, elles grandissent en respect et s'élèvent en respectant.

Or, l'enfant atteint de bonne heure par le vice destructeur de sa vie et de son éducation, fait exactement le contraire ; il se plaît à voir dans les hommes comme dans les choses, non ce qui est en haut, mais ce qui est en bas. Dans lui-même comme dans les autres il dédaigne de regarder les faces sublimes de la vie ; il oublie la majesté qui se déploie sur son front, l'intelligence qui étincelle dans ses yeux, tous les reflets de grandeur qui illuminent son visage, et toutes ces aspirations sublimes qui soulèvent son cœur ; il néglige surtout ces élévations de l'esprit et ces élancements de l'âme qui montent à Dieu malgré l'attraction des sens et malgré le poids de la chair. Oui, il oublie tout cela ; et pourquoi? Pour voir l'homme de ses pensées, l'homme de ses imaginations, l'homme de ses désirs, l'homme de ses rêves ; c'est-à-dire l'homme qui est chair, rien que chair.

Aussi peu à peu la dignité humaine baisse dans sa pensée. Dans la balance où il mesure la valeur de l'homme, l'animal seul semble peser quelque chose ; et il trouve que l'homme bien considéré ne vaut pas ce qu'on l'estime, ni ce qu'il a la prétention de s'estimer lui-même. Je le crois bien, il ne voit plus de l'homme que ce qui touche à la matière; l'homme, pour lui, est découronné de sa majesté et dépouillé de sa gloire. Dès lors comment le respecterait-il? comment l'estimerait-il, lui qui ne peut plus ni s'estimer ni se respecter lui-même? Lui qui, quoi qu'il fasse ou quoi qu'il dise pour envelopper sa honte d'un manteau d'orgueil, rougit de lui-même devant lui-même? Quoi que tente en effet cet enfant pour légitimer à ses yeux et absoudre dans sa pensée le vice qui le déshonore, ce vice demeure devant sa raison marqué du honteux caractère; il sait qu'il n'accorde une volupté à son corps qu'en infligeant une humiliation à son âme. Ah! c'est qu'un enfant comme un homme soumis à ce despotisme du corps sent ce qui l'abaisse devant lui-même, sa faiblesse, sa lâcheté, sa dégradation. Il sait qu'il a livré à des instincts ignobles une majesté toute royale. Le monde entier dresserait devant lui des autels à la volupté qu'il adore; que dis-je? le vice, comme autrefois, descendrait du ciel portant au front devant lui le signe d'une consécration divine, qu'il n'arriverait pas encore jusqu'à l'estime et au respect de lui-même : en vain on lui dirait : « Tu es un Dieu, je t'adore : » lui dirait dans son cœur : « Je suis un lâche, je me méprise. »

Or cet enfant que son humiliation condamne à descendre jusqu'à se mépriser lui-même, comment remontera-t-il jusqu'au respect des autres ? Lui qui voit dans ses pensées, qui sent dans ses désirs, qui fait dans ses actions l'homme si ravalé, comment pourra-t-il le grandir encore assez pour lui accorder des respects sincères ? Comment relèvera-t-il, et comment fera-t-il encore assez resplendir dans les autres cette image de Dieu si dégradée et si effacée en lui ? S'il est déjà depuis de longs jours incliné sous cette ignominie, il n'est pas éloigné de croire qu'il a autour de lui des associés de son opprobre ; et volontiers il admet ses pareils à la fraternité de sa servitude. Il en coûterait à son orgueil de se dire, que parmi tous ceux qui l'entourent il n'y a qu'un esclave, lui ; et que parmi tant de soldats placés dans la vie comme sur un champ de bataille, il n'y a qu'un lâche, lui, lui tout seul ; et le mépris sortant de lui pour atteindre tout ce qui ne sera pas lui n'épargnera personne ; et il aura la tentation qui dégrade le plus un homme, la tentation d'abaisser et de mépriser toute humanité, à force de se dégrader et de se mépriser lui-même. L'expérience ici peut remplacer le discours ; car la réalité montre partout aux yeux ce que j'essaye de montrer dans le fond des choses. Regardez partout : sauf des exceptions possibles, l'enfant impur est irrespectueux, impoli quelquefois jusqu'à la grossièreté. La pratique des choses viles lui a fait perdre peu à peu le sens des grandes choses ; et le mépris, s'attachant à son âme comme une lèpre, se traduit sur son front comme une flétrissure qui le déshonore, et comme le stigmate de la dégradation qui l'atteint.

Vous le voyez, la ruine succède à la ruine : plus de pureté, plus de respect ; et dès lors plus d'élévation dans cet enfant. Ajoutons : Plus de pureté, plus d'amour ; et dès lors plus d'amabilité. Ce qu'il y a de plus beau dans un enfant, dont le regard a déjà des éclairs d'intelligence et le cœur des effusions de tendresse, c'est l'amour uni en lui à une pureté complète. Cette affection sans aucun ferment impur et sans aucun limon sensuel, a un parfum qui ne ressemble à aucun autre, et que les âmes demeurées pures elles-mêmes respirent avec un ineffable sentiment de bonheur ; c'est dans l'ordre des sentiments humains le délice le plus délicat que puisse goûter le cœur de l'homme. Voilà pourquoi un si doux et si puissant attrait nous attire comme invinciblement vers le cœur des enfants dont la pureté a gardé tout son arome. C'est qu'on y sent en effet la plus suave odeur de félicité qu'on puisse respirer sur la terre : l'affection cordiale, mais immatérielle ; affection si tendre et en même temps si pure, qu'elle ne permet même pas de songer à la matière ; si expansive et si généreuse, qu'on oublie à son contact qu'il y a sur la terre des affections intéressées et d'égoïstes amours.

Eh bien, je le demande, ce parfum d'affection, cette délicatesse du sentiment, ce doux épanouissement du cœur qui prépare à l'homme dans son éducation première, la bonté, la tendresse, le dévouement, et cette suavité forte, grâce virile de la vie bien élevée ; oh ! je vous le demande, qu'est-ce qui fait s'évanouir tout cela ? Qu'est-ce qui fait tomber en peu de jours toutes ces belles fleurs des pures affections, promettant dans l'enfance les fruits encore plus beaux de la maturité de l'homme ? Ah ! Messieurs, votre expérience, vos regrets, vos souvenirs m'ont déjà répondu. C'est ici la morsure la plus mortelle de ce ver rongeur de toute éducation. C'est au cœur surtout qu'il porte ses ravages ; sa plus irrémédiable blessure et son plus irréparable désastre, est d'y tuer l'amour et d'y engendrer l'égoïsme.

Il serait trop long, et peut-être aussi trop délicat de sonder ici tout l'abîme du mystère. Disons seulement sur ce point ce que je ne pourrais taire sans trahir la vérité et faillir à la parole. Lorsqu'un enfant en est venu, à force de descendre, à chercher sa joie au-dessous de son âme et de son cœur, il tombe dans la région de l'égoïsme pur. Là, dans cette région inférieure de la vie descendue, il se dresse d'égoïstes festins où il se convie tout seul. Il trouve qu'aimer n'est plus assez jouir ; il répudie les vraies joies de l'homme, filles de l'intelligence et du cœur, de la vérité et de l'amour ; il dit à l'égoïsme : « Tu es mon frère, » et il dit à la sensualité : « Tu es ma sœur. » Dès lors adieu ces naïves affections qui ouvrent le cœur, ces sympathies désintéressées qui remuent les entrailles, et ces attendrissements délicieux de l'âme que l'égoïsme ne connaît plus. O père, ô mère, dont je sens en ce moment dans mon âme les sympathies émues, dites, quand verrez-vous les joies de la tendresse filiale tarir au cœur de votre enfant? Quand vos caresses même les plus douces cesseront-elles, à votre grande douleur, d'être pour lui une félicité? Quand vos larmes ne seront-elles plus sur son cœur comme une pluie qui le féconde et multiplie sa joie? Hélas ! vous le saurez trop tôt : c'est le jour où, pour satisfaire aux convenances de la famille, recevant encore vos embrassements, il ne pourra plus vous montrer la pureté dans son regard et l'innocence sur son front ; oui, c'est à partir de cette heure où un impur démon aura soufflé sur lui, que vous sentirez son affection vous échapper avec les joies qu'elle met au cœur d'une mère. Vous avez placé dans la tendresse de votre enfant la meilleure part de votre vie ; il vous semble que vous ne pourrez plus vivre, si son cœur ne vous garde l'amour, si sa parole ne vous l'exprime, et si son sourire ne vous le peint : oh ! prenez garde que la volupté ne le touche; prenez garde surtout qu'elle n'entre dans son cœur; car à l'heure même, je vous le prédis, vous sortirez de ce cœur avec son innocence; l'égoïsme y prendra votre place, il en fermera la porte ; et ce cœur une fois fermé, le ciel et la terre conspireraient en vain pour vous l'ouvrir; vous n'y rentrerez plus : vous aurez encore un jeune homme, vous n'aurez plus de fils. Alors plus rien de ces ouvertures, de ces confidences et de toutes ces libres effusions qui naguère encore vous faisaient lire dans son âme, et vous permettaient d'y entrer à toute heure. Vous sentirez trop tard que l'égoïsme l'a retiré tout entier sur lui-même; qu'il s'est fait un domaine à lui, un intérieur à lui, des secrets à lui, des mystères à lui, où plus un regard, pas même ce maternel regard qui a le droit et l'ambition de tout voir, ne peut plus pénétrer. Et ce qu'il y a de plus désolant ici, ce n'est pas votre tristesse, c'est son malheur. Ce qui doit surtout remplir vos yeux de larmes et votre cœur de gémissements, ce n'est pas de voir se fermer pour toujours un cœur où votre amour était si heureux d'entrer sans effort et de régner sans rival; c'est de voir en peu de temps votre œuvre ravagée; et cette éducation où vous avez mis tant de vos dévouements et de vos souffrances, tout à coup réduite à néant par la volupté, qui ronge le cœur de la vie en dévorant l'amour. Elle lui a donné le plaisir, et elle lui a pris l'affection; elle a flatté sa chair, et elle a ravagé son cœur; sa vie morale est blessée à mort, et son éducation n'est plus.

Ainsi l'amour, le respect, la foi, la religion, c'est-à-dire tout ce qui élève, tout ce qui affermit, tout ce qui embellit et transfigure l'homme dans l'éducation, disparaît sous la morsure de ce ver qui la flétrit par toutes ses faces, et ronge une à une, si n'est toutes à la fois, ses fibres les plus vives. Du moins à ce jeune esclave de la volupté restera-t-il ce qui par-dessus tout fait d'un enfant un homme, ce que nous avons donné comme le signe le plus glorieux de la virilité, la force de la volonté? Hélas! non; c'est en cet endroit de la vie que le vice ennemi de l'éducation porte son plus redoutable coup. Tout homme qui dans son âge mûr accepte en lui-même avec la domination de sa chair ce despotisme de la volupté, fût-il même le plus robuste et le plus viril, sent dans son vouloir cette blessure qui l'affaiblit en l'amoindrissant lui-même tout entier. Sous ce rapport, nous pouvons dire avec l'Écriture : « elle en a blessé et abattu un grand nombre, et même les plus forts ont été tués par elle. » Combien d'hommes déjà faits, en possession de la force et de la plénitude de la vie, ont senti par elle et à cause d'elle leur force tomber et leur virilité périr ! Combien, dont l'éducation avait su faire des hommes en trempant dans la lutte leur volonté virile, sont redevenus enfants par l'impuissance de vouloir, sous les coups tardifs, mais toujours funestes de la volupté !

Mais, il faut en convenir, si la volupté, même dans l'âge mûr, peut en brisant la volonté détruire la force déjà venue ; elle est bien autrement redoutable alors qu'elle s'attaque à une volonté à laquelle la force n'a pas eu le temps de venir. Toute désobéissance, je le sais, y diminue la force en affaiblissant le vouloir; mais il n'y a pas de vice qui l'atteigne plus profondément que le vice honteux. Quand un enfant a eu le malheur de subir cette tyrannie de la chair qui l'humilie et l'énerve tout ensemble, il perd, outre tout ce que j'ai dit, sa royauté, sa liberté, sa volonté, et avec elles tout l'honneur de l'homme. Il n'y a rien qui prosterne plus lamentablement dans l'humiliation de l'impuissance la volonté humaine. Chaque victoire que le vice gagne sur elle, emporte comme dépouille une part de sa force; l'habitude de la défaite lui ôte même jusqu'au désir de la victoire et jusqu'à la pensée de l'effort; et une heure vient où l'enfant peut dire de lui-même: « Ne me demandez plus rien; car je ne puis plus rien; rien, si ce n'est ce que veut la passion qui m'a pris ma force en me prenant ma volonté. » Ne lui demandez pas une résolution, il n'a plus de résolution; ne lui demandez pas une initiative, il n'a plus d'initiative; un acte de courage, il n'a plus de courage; un jour de travail, il a horreur du travail; une heure de résistance, il n'a plus de résistance; une manifestation de sa force, il n'a plus de force; un acte de volonté, il n'a plus de volonté.

Non, sa volonté n'est plus; l'ennemi l'a prise, et il l'a dévorée. A moins que vous ne vouliez encore honorer de ce nom ce simulacre, ce fantôme, cette ombre d'elle-même; volonté si impuissante, que pour la bien nommer les mots manquent à notre langue; volonté molle, lâche, incertaine, pusillanime; volonté changeante, mobile, fugace, insaisissable; volonté nulle enfin, qui atteste dans le triomphe de la volupté l'anéantissement de la virilité; volonté qui ne peut plus vouloir; ou plutôt qui veut encore, mais seulement ce qui ne demande que la faiblesse, l'abandon, le laisser-aller, la lâcheté; ce qui n'exige aucun travail, aucun effort, c'est-à-dire le mal, rien que le mal; le mal qui sort tout seul d'une âme sans résistance, sans ressort et sans force. Avec cette volonté détendue, inerte, alanguie, pareille à un malade qui a les reins rompus ou les nerfs paralysés, que sera cet enfant? Portera-t-il l'honneur de la virilité, lui qui a abdiqué avec la force de son vouloir la dignité de l'homme? Non; fût-il même un miracle de génie ; portât-il dans sa mémoire, dans son intelligence, dans son imagination, des trésors d'érudition, de science et de poésie ; il ne sait pas vouloir, il ne sera jamais un homme. Peut-être même ces facultés brillantes, comme la volonté elle-même, annulées ou esclaves, seront associées à la honte de sa stérilité et à l'humiliation de sa servitude. Doué des plus précieux dons, orné des plus nobles talents, et comme tel capable des plus grandes choses, il ne fera rien ; ou de cette vie qui pouvait être puissante, vous verrez sortir la hideuse fécondité du mal.

Maintenant, en effet, que cette volupté dévastatrice a ravagé dans son printemps la vie morale, avec les fleurs qu'elle faisait éclore dans son présent et les fruits qu'elle promettait à son avenir ; maintenant que la volonté elle-même a perdu son énergie, sa force et toute sa puissance pour féconder la vie ; qu'adviendra-t-il même de ces facultés, qui semblent faites surtout pour donner à l'homme, avec ses naturels ornements, le complément de sa beauté et le couronnement de sa grandeur ? Que vont devenir sa mémoire, son imagination, son intelligence, son caractère lui-même?

Sa mémoire? Elle s'amoindrit, à mesure que le mal qui l'envahit étend en lui ses ravages; elle languit et s'engourdit peu à peu dans je ne sais quelle torpeur qui la conduit à l'impuissance. Pour éveiller la mémoire, il faut de l'énergie, et il n'a pas d'énergie; pour la cultiver et l'accroître, il faut du travail, et il a horreur du travail; la paresse, mère de tant de maux dans la vie, est elle-même dans un enfant la fille aînée du vice honteux. Dans un homme fait, quelquefois une passion généreuse peut tendre les ressorts de la vie relâchés par la volupté; dans un enfant jamais. La volupté engendre sa paresse; et sa paresse tue ou blesse sa mémoire. Au lieu de demander au travail de lui créer ces trésors de savoir qui font l'embellissement de l'homme, et préparent la fécondité de sa vie, sa mémoire demande à la volupté de lui créer des souvenirs et des fantômes qui sont la proie de ses désirs.

Que devient son imagination? Cette imagination qui devait donner l'essor à sa pensée, l'éclat à son discours, le mouvement à sa vie, la beauté à ses œuvres, hélas! il la condamne à la complicité de ses hontes et de ses dégradations. Cette imagination qui avait des ailes pour voler vers l'invisible; cette imagination qui devait, comme un miroir, réfléchir en les embellissant les faces rayonnantes et pures de la création; je me trompe, cette imagination qui devait, pareille au prisme, décomposer et recomposer la lumière de la vérité pour la faire briller de toutes ses couleurs, et faire resplendir dans la variété de ses nuances le miracle de sa merveilleuse unité; cette imagination qui devait l'arracher à la vulgarité de la vie, et le soulever du monde de la réalité vers les régions de l'idéal : cette imagination, il l'abat avec lui-même dans les basses régions où le vice le fait et le retient captif; il arrête les essors sublimes qui la font voler vers les choses de l'esprit, et il l'emprisonne dans la matière; il l'envoie, comme le hibou solitaire, voltiger à travers les lieux obscurs, pour lui rapporter les images dont sa vie se repaît, et il la force à traîner dans la boue de la terre ces ailes d'ange qui lui avaient été données pour planer dans les cieux. Un jour, s'il cherche la gloire dans les chemins fleuris de la littérature et de la poésie, ah! je sais bien ce qu'il fera : il se précipitera comme un furieux jusqu'au plus profond de la fange humaine; il essayera de faire passer dans des œuvres immondes tous les rêves abominables qui ont souillé son imagination de quinze ans : il pouvait être un illuminateur des intelligences, il sera un corrupteur des âmes.

Telle sera la destinée et le fruit de cette imagination, que Dieu avait faite si grande, si puissante, si féconde. Ce n'est pas tout, cette faculté plus haute encore, la faculté mère de toutes les grandes choses de l'esprit, l'intelligence, que va-t-elle devenir dans un enfant livré à la tyrannie de sa chair? Elle aussi elle va ravaler son vol, et peut-être recevoir de ces voluptés précoces qui déconcertent la nature un coup qui la blessera pour toujours. Cette noble faculté qui habite le plus haut sommet de notre vie naturelle, et qui de ces cimes lumineuses voit en nous de plus loin le monde de la matière; cette faculté en quelque sorte céleste qui respire la vérité comme la poitrine l'air, qui se tourne d'elle-même du côté du ciel et de Dieu comme une plante vers le soleil:

cette faculté sublime faite pour élever et diriger la volonté humaine vers les hauteurs de l'esprit, l'intelligence, elle sera forcée de descendre dans la chair et de conspirer avec les sens contre cette volonté qu'elle ne devait que servir en la guidant dans sa route, et en éclairant dans l'homme son gouvernement souverain. Et bientôt, à force de toucher à la matière, de se heurter à la matière, d'habiter dans la matière, de travailler sur la matière, elle aussi peu à peu elle se fera matière : créée pour vivre et voler dans le pur intelligible où ses ailes se déploient et trouvent tout leur essor ; faite pour contempler le soleil de la vérité qui l'attire, et donne à son regard toute sa pénétrante clarté, peu à peu elle s'abaisse, elle s'alourdit, elle s'épaissit, elle étouffe dans la pesante atmosphère où l'enfant la précipite pour la mettre au service de ses sens : trop heureux si les émotions grossières qu'il demande à sa nature encore infirme n'ébranlent son cerveau, et ne font monter jusqu'à l'intelligence une perturbation maladive qui le frappe d'impuissance, et peut-être d'une imbécillité sans remède.

Ici, Messieurs, je suis obligé de laisser beaucoup de choses ensevelies dans le mystère ; je n'ai vocation ni pour tout dire, ni même pour tout savoir : mais comme tous ceux qui touchent par quelque endroit aux plaies vives de l'humanité doivent se prêter un mutuel secours, je veux appuyer ma parole sur le témoignage d'un homme que sa double vocation avait appelé à sonder par ses deux extrémités les profondeurs lointaines de l'humaine infirmité. Écoutez :

« Les jeunes gens victimes de cette mal-« heureuse et honteuse passion, perdent plus « ou moins l'intelligence et la mémoire ; ils « deviennent stupides, sots, imbéciles, som-« bres, indolents, lâches, paresseux ; ils mon-« trent une grande inégalité de caractère, de « l'aversion pour les jeux et les plaisirs hon-« nêtes ; ils recherchent la solitude et parais-« sent préoccupés dans un silence niais ; toute « la fierté et toute la vivacité de l'âme les « abandonne ; ils deviennent incapables d'é-« tude et d'application d'esprit ; et pour tout « dire, en un mot, ils sont d'une nullité com-« plète. »

Telle est, Messieurs, au dire d'un homme dont le témoignage est une autorité, le résultat final d'une jeunesse qui a porté au cœur le ver rongeur de l'éducation : une nullité complète; et comme conséquence de cet énervement de la volonté qui constitue la force humaine, et de l'effacement de toutes ces facultés brillantes qui décorent la virilité, l'absence de caractère et de physionomie. Il y a une chose surtout, qui est le reflet et la splendeur de la vie morale dans l'homme; c'est ce je ne sais quoi qui annonce la puissance et révèle une personnalité forte, le caractère; le caractère, le vrai signe de l'homme, le sceau de sa virilité et la gloire de sa royauté. Eh bien! Messieurs, sous le coup dégradant de la volupté, savez-vous ce que devient le caractère? Il diminue, s'efface et disparaît. A mesure que la vie morale s'annule dans l'enfant, le caractère s'en va peu à peu; la majesté de l'homme tombe de son front déshonoré; et à la place de ce sceau effacé de l'homme et de sa majesté, que reste-t-il? Ah! Messieurs, je n'oserais le dire si l'Ecriture elle-même ne l'avait révélé; il reste ce que l'Apocalypse nomme divinement bien le caractère et le signe de la bête, *signum bestiæ!*

Ainsi se consomme dans un enfant la destruction de la vie morale, à l'heure même où l'éducation travaille à la formation de la vie morale.

Je pourrais m'arrêter, puisque nous ne nous occupons ici que du développement moral et de l'éducation de l'âme. Mais le corps lui-même, atteint tout le premier par ce mal dévorant, croyez-vous qu'il n'en portera pas quelques stigmates qui montreront par le dehors les ravages du dedans? Croyez-vous que la vitalité physique, elle aussi, n'en ressentira pas des atteintes meurtrières? Cette organisation tendre encore et débile, comme toute vie qui n'a pas eu tout son développement, résistera-t-elle tout à fait à ce mal qui s'attaque à la vie avant la maturité de la vie, et vient épuiser sa séve avant qu'elle n'ait produit ses fruits et même donné toutes ses fleurs? Ah! Messieurs, si même à l'heure de sa pleine maturité l'homme ne se livre pas impunément à ce démon qui tue encore plus qu'il ne flatte, que peut-il advenir d'une vie qui n'a pas connu encore ses plus ardents soleils? Cette vie qui devait, en suivant son cours régulier, se développer lentement sous la garde du temps, de la nature et de Dieu; cette vie qui avait besoin de fortifier, pour remplir toute sa fonction, ses frêles organes et ses fibres délicates, que deviendra-t-elle sous les secousses désordonnées d'une passion qui la saisit avant l'âge, et l'affaiblit par ses violences alors qu'elle n'a pas encore trouvé sa force? Ah! si vous voulez bien entendre l'injure que le vice honteux inflige à la vie physique; si vous voulez mieux sonder la blessure qu'il fait au corps à l'heure où il blesse le plus l'âme de l'adolescent; rappelez-vous la comparaison que je fis en commençant entre la vie d'un enfant et la vie d'une plante. Voyez cet arbre jeune encore, mais déjà grand par son tronc, épanoui par ses rameaux, florissant par son feuillage, riche de la séve qui circule depuis les extrémités de ses racines jusqu'à son plus haut sommet; et par le mouvement continu de cette séve exubérante, allant jour par jour et heure par heure vers la pleine croissance de sa vie, pour donner après ses fleurs, ses fruits dans la saison. Certes, voilà bien, si je ne me trompe, dans une réalité de la nature végétale, une image qui représente, sauf les conditions du mouvement libre et spontané, la croissance de l'homme. Et maintenant, faites un instant cette simple hypothèse : supposez que cet arbre, doué de liberté, ait la faculté de jeter hors de lui-même par tous ses rameaux la vie qui circule en lui, et qu'un jour, secouant lui-même son feuillage, il disperse à tous les souffles qui l'agitent la séve qui fait sa beauté, sa force et sa fécondité : que doit-il arriver ? Cet arbre, atteint dans sa substance, va s'arrêter dans sa croissance. La diminution de sa séve va se traduire dans la pâleur de son feuillage, la stérilité de ses rameaux, et le dépérissement de sa vie tout entière. Il languit aujourd'hui, il se dessèche demain, et il tombe à la fin, épuisé, flétri et abattu par lui-même.

Tel est l'homme touché dans son enfance par la volupté ; et dans le vertige qui le saisit, jetant lui-même au souffle de ses convoitises la jeune séve de sa vie. Aussi, au lieu de voir et d'admirer en lui, avec cette croissance harmonieuse qui vient du mouvement régulier de la vie, la force, la fécondité et cet incarnat que donne la pureté à toute chair virginale, ne vous étonnez pas de ne plus retrouver dans cette vie que la faiblesse, la langueur, la flétrissure, et je ne sais quels signes de décrépitude qui semblent présager la ruine et prophétiser la mort. Qu'est-ce qui a creusé ces sillons sur un front d'adolescent? Qu'est-ce qui a gravé sur une chair d'enfant le vestige des années qui ne sont pas même venues? Qu'est-ce qui a fait tomber de son souffle les pousses vigoureuses de la vie en croissance, et l'a dépouillée avant l'heure, comme un peuplier jaunissant aux approches de l'hiver? Qu'est-ce qui a donné une mélancolie et une pâleur d'automne à cette vie qui n'a pas connu d'été, et qui semble vouloir mourir même dans son printemps? Qu'est-ce qui a dépouillé ce front, creusé ces joues, terni ces regards et obscurci ce visage qui n'a pas vingt ans? Qu'est-ce qui a courbé ce corps qui n'est pas à sa hauteur, et a jeté les ombres de la mort sur cet être avorté qui n'a pu trouver toute sa vie?

Ah! Messieurs, je vous entends me répondre, peut-être avec des souvenirs pleins de larmes et des gémissements pleins de tristesse : O volupté! ô monstre dévorant, ô ver rongeur de l'éducation, c'est toi ; oui, c'est toi qui ravages dans sa fleur la vie de nos enfants ; c'est toi qui fais la décadence avant le progrès, la flétrissure avant la beauté, la ruine avant le temps, la vieillesse avant les années, la mort avant la vie ; toi qui réduis l'homme à n'être plus que le sépulcre vivant de lui-même ; toi qui tues la religion, la foi, le respect, l'amour, la volonté, la mémoire, l'intelligence, l'imagination, toutes les facultés morales, l'âme enfin tout entière ; toi qui n'épargnes pas même le corps ; ce corps fragile que tu séduis par le par le plaisir, mais pour le souiller par le crime ; que tu charmes par tes attraits, mais pour le tuer par tes poisons. Oui, ô volupté cruelle, cette chair elle-même, devenue comme le centre où tout gravite et tout aboutit dans la vie de l'enfant que tu as blessé ; cette chair à laquelle il a, pour te réjouir et se satisfaire, tout sacrifié; cette chair pour laquelle tant de ruines de sa vie morale se sont accumulées au dedans de lui-même ; cette chair qui devait, ce semble, se grandir de toutes ces destructions et se couvrir elle-même de tous ces débris, comme de dépouilles opimes, pour en faire un accroissement et un embellissement de sa propre vie ; grâce à toi, cette chair subit le coup de représailles terribles ; elle se fane, elle se flétrit, elle se fond, elle tombe elle-même, cette chair adorée ; pareille à une idole que l'encens environne avec l'adoration, tandis que les vers la rongent sur son autel !...

Ah! c'est ici surtout qu'il faut étendre sur la réalité un voile de silence et de chasteté ; car si je voulais la dire tout entière, cette horrible réalité, je ferais frémir vos âmes en effrayant votre pudeur. Écoutez seulement le lamentable témoignage d'une de ces tristes victimes d'une débauche prématurée :

« J'avais dix ans, raconte un jeune homme ; « j'ignorais le mal encore ; un camarade de » collége me l'apprit... et depuis, hélas ! que « de désastres ! J'ai dix-huit ans aujourd'hui ; « et me voilà brisé, sans sommeil, sans joie... « Quatre fois j'ai changé de pension ; le vice « m'a suivi... Je survis par la force de mon » tempérament ; mes complices sont morts dans » d'affreux tourments !... »

Arrêtons-nous ; le vice honteux, je le veux

bien admettre, ne poussera pas jusque-là tous les enfants qu'il atteint; mais ce qu'il produit inévitablement, ce discours vous l'a dit : il détruit la piété, la foi, le respect, l'amour, l'énergie de la volonté, les puissances intellectuelles, l'âme tout entière; et ce corps lui-même, auquel il a sacrifié tous les honneurs et toutes les richesses de l'âme, ce corps devenu sa victime, il le brise, il l'énerve, il le flétrit avant l'âge; il prépare toutes les ruines à toutes les étapes de la vie; une enfance rachitique, une adolescence débile, une jeunesse caduque, une virilité avortée; toutes les destructions de la vie blessée dans son printemps; toutes les ruines irréparables d'une éducation meurtrière qui flétrit, dégrade et défait pour toujours l'homme qu'elle devait former, embellir, élever !...

Messieurs, détournons nos pensées de ces désastres et de ces dégradations de la vie sur lesquelles je voudrais verser des larmes de sang; et permettez qu'en finissant, mon cœur vous envoie le souhait d'un apôtre et le vœu d'un ami. Que Dieu écarte de vos enfants ce fléau destructeur de toute éducation! Qu'il leur donne de grandir dans l'école de la pureté ; qu'ils y apprennent à porter dans l'infirmité de l'homme l'honneur et la beauté des anges ; et que, sous la couronne de cette pureté, ils gardent dans toute leur intégrité ces cinq choses nécessaires en toute éducation : la religion, la foi, l'amour, l'obéissance et le respect ! Que la religion donne à leur vie sa séve, la foi ses racines, l'amour son épanouissement, l'obéissance sa force, le respect sa grandeur, et la pureté le rayonnement d'une beauté immaculée ! Qu'elle leur donne par-dessus tout celui de qui nous viennent tous ces dons : Jésus-Christ vérité, Jésus-Christ amour, Jésus-Christ autorité, Jésus-Christ sainteté, Jésus-Christ majesté, Jésus-Christ Dieu ! Oui, Jésus-Christ toujours ; Jésus-Christ connu, aimé, obéi, respecté, adoré et imité par vos enfants : voilà l'abrégé de l'éducation chrétienne : et nous pouvons redire ici encore notre formule du progrès : « *Crescamus in illo per omnia* : croissons en lui de toute manière ; » mais surtout que vos enfants, grandis à son ombre et formés sous ses regards, portent à jamais dans leur pureté l'image de sa pureté : et que le rayonnement de cette pureté, signe glorieux des enfants bien élevés, demeure à leur front comme la plus belle couronne du chrétien et la plus belle auréole de l'homme.

CONCLUSION.

Et maintenant, Messieurs, avant de clore ces conférences sur le progrès par l'éducation, j'éprouve le besoin de vous poser cette question : Quelle doit être votre attitude vis-à-vis de cette grande chose, l'éducation chrétienne? Vous apparaît-elle comme un danger qu'il faut repousser, ou comme un bienfait qu'il faut accepter? Je l'ai dit en commençant, l'éducation telle que je la défends n'est pas le fait de telle institution ; elle n'est pas la propriété de tels hommes ; elle n'est pas le privilége de telle classe de la société ; elle appartient à qui sait la donner et à qui veut la recevoir. Des hommes qui ont d'avance contre tout ce qui est résolûment chrétien des préventions toujours prêtes, seraient heureux de faire croire qu'en rehaussant les titres authentiques de l'éducation chrétienne à votre confiance, on a pu avoir la pensée de déprécier au profit du sacerdoce toute éducation qu'il ne fait pas de ses mains. Je proteste devant Dieu et devant les hommes contre de telles interprétations. Si j'étais convaincu que le prêtre seul, ou toute main consacrée peut donner à l'enfance le bienfait que j'ai dit, je n'hésiterais pas une minute à le proclamer très-haut. Je ne crois pas vous avoir accoutumés aux amoindrissements de la vérité. Ma conviction sincère est que, le dévouement spécial à Jésus-Christ imposé par l'onction du sacerdoce et les vœux de religion, est en général dans l'éducation une force et un avantage de plus; l'aveuglement volontaire des passions intéressées pourrait seul contester une vérité absolument incontestable. Mais il n'en demeure pas moins incontestable aussi, que tout ce qui veut être profondément chrétien, prêtre ou laïque, régulier ou séculier, suffit au ministère de l'éducation telle que je l'ai montrée, et n'y suffit qu'à cette condition. C'est donc uniquement de l'éducation chrétienne qu'il fut question dans ces conférences; et je supplie tout auditeur impartial d'accepter dans ce sens tout ce que j'ai dit cette année sur cet important sujet.

Or, dans cette hypothèse, la seule qui réponde à la vérité des choses et à la sincérité de ma parole, je demande qui pourrait trouver dans sa pensée une ombre de raison contre l'éducation chrétienne? Qui pourrait, s'il n'est aveuglé par des systèmes antichrétiens ou des haines anticatholiques, faire opposition à cette vérité : que dans un peuple chrétien et catholique l'éducation doit être avant tout chrétienne et catholique? Que dis-je? où trouver, même parmi ceux qui veulent absolument se poser en adversaires, un homme qui ose dire : Je repousse l'éducation chrétienne parce qu'elle est chrétienne? Tout le monde en convient, il faut à l'homme une éducation; sauf quelques rares lettrés livrés par l'orgueil au vertige de l'impiété et à la folie du paradoxe, tout le monde convient encore que dans l'éducation il faut une religion; et de l'aveu de tous, le christianisme est la plus haute religion, et le catholicisme le sommet le plus élevé du christianisme lui-même. Dès lors, que pouvez-vous craindre de l'éducation chrétienne et catholique? De quoi donc devant votre raison pourrait-elle être coupable? Quel mal fait-elle à vos enfants? Est-ce qu'elle apprend à douter? est-ce qu'elle apprend à haïr? est-ce qu'elle apprend à se révolter? est-ce qu'elle apprend à mépriser? est-ce qu'elle apprend à se souiller? est-ce qu'elle corrompt les cœurs, pervertit les âmes, et abâtardit les intelligences? est-ce qu'elle travaille dans l'ombre et agit dans le mystère? Si l'on veut la repousser, que ne dit-on ses griefs, ses prévarications, ses méfaits? Que lui reproche-t-on? Rien.

Je me trompe, Messieurs, j'oubliais une accusation si souvent repoussée et qui revient toujours. Recueillez-vous tous ici pour entendre le réquisitoire du rationalisme antichrétien contre l'éducation chrétienne et catholique. On dit : « Vous catholiques, vous surtout prêtres, vous travaillez à élever nos enfants dans des idées contradictoires à notre civilisation ; vous inoculez à nos enfants la haine de nos institutions! » Vous l'entendez, hommes du dix-neuvième siècle, cette accusation devenue triviale à force d'être vulgaire. Toujours notre civilisation! toujours nos institutions! mots retentissants, mais vagues; grandes mais faciles formules par lesquelles on peut accuser toujours sans articuler jamais.

Notre civilisation! qu'est-ce à dire? Est-ce l'industrie? est-ce l'économie? est-ce le chemin de fer? est-ce le télégraphe? est-ce le canon rayé? Et qui donc parmi les chrétiens se pose aujourd'hui à l'encontre de tous ces chefs-d'œuvre de la civilisation matérielle? La civilisation! Est-ce celle que nous avons définie : la culture des âmes et le perfectionnement des hommes? Et qui plus que l'éducation chrétienne a l'ambition de réaliser l'une et l'autre? Si, comme on se plaît à le proclamer, notre civilisation n'est qu'une nouvelle expansion de la vitalité du christianisme, que peut-on craindre du progrès de l'éducation chrétienne, c'est-à-dire de la propagation du christianisme dans l'humanité par l'âme et par le cœur de vos enfants? — Mais vous repoussez nos institutions. — Quelles institutions, je vous prie? Est-ce la liberté? est-ce l'égalité? est-ce la fraternité? Eh qui donc, si ce n'est le christianisme, vous a révélé le vrai sens de ces mots? et qui encore si ce n'est lui peut vous empêcher de l'oublier? Quelles sont donc ces institutions que nous haïssons et que nous apprenons à haïr? Est-ce que vous oseriez prétendre qu'on ne peut être chrétien et aimer nos institutions? ou que nos institutions sont telles qu'elles ne peuvent plus obtenir la sympathie des vrais chrétiens? Mais alors vous accuseriez donc ce que vous nommez institutions modernes d'être en contradiction flagrante avec le christianisme?... Si au contraire, comme on se plaît à le proclamer, ces institutions sont une floraison plus tardive mais plus belle de la séve chrétienne, que pouvons-nous craindre encore une fois d'une éducation chrétienne, pour des institutions qui ont le souffle du Christ et la vitalité du christianisme? Prenez-y garde, Messieurs, nous sommes partout dans ce monde nouveau dont on nous déclare si volontiers et si gratuitement les ennemis: nous chrétiens, nous catholiques, nous ne sommes enfermés ni dans les limites d'un royaume, ni dans les formules d'une charte; nous sommes en France, en Espagne, en Angleterre, en

Allemagne, en Italie, dans l'Europe entière; nous sommes en Amérique, en Asie, en Afrique; nous vivons, nous parlons et nous enseignons sous tous les sceptres, sous toutes les institutions sorties de la vie et de la liberté des peuples; et partout hommes du monde nouveau, vivant dans le monde nouveau, nous repousserions le monde nouveau! Ah! Messieurs, aujourd'hui, comme il y a dix-huit siècles, nous voulons tout ce qui est vrai, légitime, saint, progressif en un mot : nous voulons ce qui nous faisait grandir hier, ce qui nous élève aujourd'hui, et ce qui nous fera marcher demain vers notre commune et immortelle destinée.

Voilà ce que nous cherchons dans l'éducation de vos enfants, où se prépare le vrai progrès du monde. Arrière les fantômes, arrière les préventions, arrière les malveillances; arrière enfin les accusations sans griefs et les répulsions sans motifs. Connaissons-nous, aimons-nous, donnons-nous la main; que l'union de tous les dévouements consacrés à la formation de l'enfance dans notre présent, devienne le plus sûr garant des grandeurs de notre avenir ; et tous ensemble proclamons, par les faits encore plus que par les paroles, cette vérité que j'ai travaillé à faire resplendir dans vos âmes : il n'y a de progrès pour les hommes et pour les sociétés que par l'éducation chrétienne des enfants.

FIN.

TABLE DES MATIÈRES

Paris. — Imprimerie Adrien Le Clere, rue Cassette, 29.

www.ingramcontent.com/pod-product-compliance
Lightning Source LLC
LaVergne TN
LVHW020606110826
845149LV00002B/386

* 9 7 8 2 3 2 9 2 5 4 2 2 7 *